LITERATUR KOMPAKT

Herausgegeben von Gunter E. Grimm

Tectum

Helmut Schmiedt

FRIEDRICH SCHILLER

Prof. Dr. Helmut Schmiedt lehrt deutsche Literaturwissenschaft an der Universität Koblenz-Landau. Er hat sich häufig mit der Literatur des 18. Jahrhunderts und vor allem der Zeit des Sturm und Drangs beschäftigt. Weitere Arbeitsschwerpunkte sind die Unterhaltungsliteratur und die populäre Kultur. Er gilt u.a. auch als Kenner von Leben und Werk Karl Mays und hat zuletzt die May-Biografie *Die Macht der Phantasie* (2011) veröffentlicht.

Der Autor

Helmut Schmiedt

Friedrich Schiller

Literatur Kompakt – Bd. 4
ISBN: 978-3-8288-2970-1

© Tectum Verlag Marburg, 2013

Reihenkonzept und Herausgeberschaft: Gunter E. Grimm

Projektleitung Verlag: Christina Sieg
Layout: Sabine Manke

Besuchen Sie uns im Internet
www.tectum-verlag.de
www.literatur-kompakt.de

Bibliografische Informationen der Deutschen Nationalbibliothek
Die Deutsche Nationalbibliothek verzeichnet diese Publikation in der
Deutschen Nationalbibliografie; detaillierte bibliografische Angaben
sind im Internet über http://dnb.ddb.de abrufbar.

INHALT

I. Friedrich Schiller im 21. Jahrhundert

Wer aufmerksam durch Deutschland reist und dabei nach Zeugnissen der kulturellen Tradition Ausschau hält, wird von kaum einem anderen Dichter so viele handfeste Spuren finden wie von Friedrich Schiller. In fast allen größeren Ortschaften existiert eine Schillerstraße oder ein Schillerplatz; den Namen »Schillerstraße« hat sich auch eine zeitweise außerordentlich populäre Comedy-Serie des Fernsehsenders SAT 1 ausgeborgt, ganz so, wie sich eine nicht gerade erfolglose deutsche Pop-Band nach Schiller benannt hat. Die Zahl der Schulen, die Schillers Namen tragen, ist Legion. Vor allem dem 19. Jahrhundert ist die Einrichtung zahlreicher Schiller-Denkmäler zu verdanken. Auch in anderen Ländern, sogar in außereuropäischen, gibt es das eine oder andere Monument dieser Art, und in der Schweiz wird Schiller rund um den Vierwaldstättersee an vielen Stellen gehuldigt, da er mit seinem Drama *Wilhelm Tell* so etwas wie die verbindliche Form des nationalen Entstehungsmythos formuliert hat. Wer noch genauer hinschaut, entdeckt Schiller-Reminiszenzen selbst im Bereich der Flora: bei Bäumen, die zu seinen Ehren gepflanzt worden sind, insbesondere Schillerbuchen und -linden. Schillerlocken dagegen kann man essen: als Fischgericht oder als Gebäck.

Weimar   Stuttgart   Tonglin, China   Dresden

Friedrich Schiller ist im Alltagsleben also nach wie vor in hohem Maße präsent, und das gilt auch für unsere verbale Kommunikation: Es kursieren zahlreiche Phraseologismen, Redewendungen, die seinen Texten entstammen. Dies reicht von Sprichwörtern, denen zufolge etwa die Axt im Haus den Zimmermann erspart, bis zu der immer wieder gern ins kluge Gespräch gebrachten These, der Mensch sei nur da ganz Mensch, wo er spielt. Ein Wort wie »Kabale« ist nicht eben sehr gebräuchlich, aber es wäre völlig aus unserem Sprachschatz verschwunden, tauchte es nicht im Titel eines Dramas von Schiller auf.

Solche Zeugnisse könnten in ihrer Mehrheit freilich auch für eine Größe stehen, die zwar vor langer Zeit Aufmerksamkeit auf sich gezogen, inzwischen aber an Interesse verloren hat und nur noch unter historischen bzw. musealen Aspekten Beachtung erntet. Dies ist jedoch bei Schiller offensichtlich nicht der Fall. Die jüngsten ihm gewidmeten Gedenktage – der 200. Todestag im Jahr 2005 und der 250. Geburtstag 2009 – zogen eine derartige Fülle von Veranstaltungen, Ausstellungen und Publikationen auf sich, dass der Gedanke gar nicht erst aufkommen kann, hier werde nur in der bei sol-

Kaliningrad, Russland

München

Mannheim

chen Anlässen üblichen Form routiniert einer eigentlich
längst obsoleten kulturellen Koryphäe von vorgestern gehuldigt. Die *Ruhrfestspiele* des Jahres 2011 präsentierten
unter dem höchst bezeichnenden Motto *In die Zeit gefallen: SCHILLER* mehrere Inszenierungen von Theaterstücken des Autors sowie andere Veranstaltungen, in deren
Mittelpunkt er stand. Überhaupt werden auf den Bühnen Schillers Dramen weiterhin häufig inszeniert. Dass
Friedrich Schiller immer noch ein Lieblingskind der lite-
raturwissenschaftlichen Forschung ist und kontinuierlich
mit einer Vielzahl germanistischer Publikationen bedacht
wird, kann man ohne Mühe beim Blick in einschlägige
Bibliografien feststellen. An der Lektüre von Schillertexten kommt kaum
ein Schüler höheren Alters vorbei. Die traditionsreiche *Deutsche Schillergesellschaft* zählt mit mehr als dreitausend Mitgliedern zu den größten
literarischen Gesellschaften Deutschlands und spielt eine maßgebliche
Rolle für die Arbeit des *Deutschen Literaturarchivs* in Marbach.

Kein Zweifel: Friedrich Schiller ist nicht nur einer der stabilsten Faktoren
im kulturellen Gedächtnis der Deutschen; er wirkt auch im 21. Jahrhundert noch so lebendig, wie man sich das von einem vor allem im 18. Jahrhundert tätigen Schriftsteller überhaupt nur vorstellen kann. Von einem
Kraftwerk Schiller spricht schon der Titel einer Broschüre, die im Schil-
lerjahr 2009 in Drogeriemärkten (!) vertrieben wurde und deren Untertitel so lautet: *Was der Dichter uns heute zu sagen hat* (vgl. Lin/Arthen
2009). Hinsichtlich solcher Vitalität wäre ihm wohl nur Goethe an
die Seite zu stellen und allenfalls noch, aber mit beträchtlichem
Abstand, Lessing.

Woraus ergibt sich nun diese besondere Aktualität Friedrich
Schillers oder, genauer gesagt, der Eindruck heutiger Men-

Aktualität

Marbach

11

schen, er könne uns mit beträchtlichen Teilen seines Werkes weiterhin sehr direkt erreichen? Zunächst einmal ist da, unabhängig von allen feinsinnigen germanistischen Interpretationen, anzuführen, dass er in seinen literarischen Fantasien oft Geschichten darbietet, die immer noch mitreißend und aufregend wirken. Schiller ist ein höchst unterhaltsamer Autor, einer, der die Konflikte seiner Figuren zumeist in abenteuerlicher und damit für viele Leser reizvoller Zuspitzung vermittelt. Dies gelingt ihm, indem er etwa die Dissonanzen, die das Verhältnis von zwei Söhnen untereinander und mit ihrem Vater prägen, in weitgespannte Intrigen und kriminelle Aktivitäten ausufern lässt (*Die Räuber*). An anderer Stelle verwandelt er die Einhaltung eines ohnehin schon spektakulär-riskanten Versprechens mithilfe unerwarteter und wiederum abenteuerlicher Umstände zu einem Unternehmen auf Leben und Tod (*Die Bürgschaft*). Wer entsprechend aufmerksam liest, wird darüber hinaus registrieren, dass der Autor gelegentlich auch – wohl eher unfreiwillig – mit dem Reiz von Handlungselementen operiert, die wie ins Groteske übersteigert anmuten: In der gerade genannten Ballade droht der Protagonist binnen weniger Stunden erst zu ertrinken und dann zu verdursten. Das Drama *Die Verschwörung des Fiesko zu Genua* eröffnet Schiller mit der Klage einer Frau, ihr Ehemann habe soeben einer anderen in aller Öffentlichkeit das zugefügt, was man heute vielleicht eine Mischung aus Vampirbiss und Knutschfleck nennen könnte - »Das wirft mich nieder« (II, S. 437). Es ist, salopp formuliert, einiges los in vielen Werken Schillers. Spannend im schlichtesten Sinne geht es dort zu, und Bestseller-Autoren unserer Zeit könnten sich von Schillers Darbietungen dessen, was man Action nennt, durchaus inspirieren lassen. Sie könnten aber auch von seiner Fähigkeit lernen, diese Dinge mit ganz andersartigen Stimmungen, wie etwa melancholischen Anwandlungen seiner Figuren, und mit erotischen Komplikationen zu verknüpfen.

Allerdings bliebe das Unterhaltungspotenzial von Schillers Storys ineffektiv, verbände es sich nicht mit Elementen, die uns noch auf einer anderen Ebene ansprechen. Ginge es bei der anhaltenden Wirkung ganz überwiegend um eine geschickte Abfolge von Sex and Crime, müssten uns weit verbreitete Unterhaltungsromane der damaligen Zeit, beispielsweise der fulminante Räuberroman *Rinaldo Rinaldini* von Goethes Schwager Christian August Vulpius (1798/99), ebenfalls noch unmittelbar in ihren Bann ziehen. Gerade die Autoren der Publikationen, die in den genannten Gedenkjahren erschienen sind, versichern immer wieder, dass Schiller vor allem ein außerordentlich moderner Autor sei: in seiner Darstellung komplexer und komplizierter Figuren, in der Schilderung der vielfältigsten Probleme, in die sie mehr oder weniger zwangsläufig geraten, in der schwierigen Suche nach Lösungen für all diese Probleme und nicht zuletzt in der Reflexion über die Möglichkeiten, diesen Sachverhalten literarisch gerecht zu werden. So hat beispielsweise die Zeitschrift *Der Deutschunterricht* Schiller 2004 ein eigenes Heft gewidmet. Schon im Editorial wurde hervorgehoben, dass man mittels seiner Werke die »Problematik der Geschlechterbeziehung diskutieren« könne, aber auch »die Identitätsprobleme des modernen Individuums«. Hervorgehoben wird, »wie verblüffend aktuell Schillers anthropologischer Ansatz war, welch genauen psychologischen Blick er hatte und wie treffend er die Problemzonen der modernen Gesellschaft […] zu erfassen vermochte, wenn er auf die Vereinzelung und Entfremdung des Individuums schaute oder die Frage nach den neuen Formen der Gemeinschaft – im kleinen oder im großen Sozialverband – stellte« (Der Deutschunterricht 2004, S. 5f.). Das sind Beobachtungen, wie sie sonst meistens in Bezug auf Autoren getroffen werden, die uns zeitlich viel näher stehen: in Bezug auf Max Frisch etwa, was die Identitätsprobleme betrifft, und in Bezug auf Franz Kafka hinsichtlich der Problematik von Vereinzelung und Entfremdung.

Natürlich sind das aber auch erst einmal recht pauschale Kategorisierungen: Sie können nicht darüber hinwegtäuschen, dass Friedrich Schiller als Gestalt des 18. und frühen 19. Jahrhunderts in seinem Denken, Empfinden und Schreiben dann doch sehr weit von den Lebensverhältnissen des 21. entfernt ist. Überhaupt erschiene es unsinnig, all das ignorieren zu wollen, was die

Zeitliche Distanz

Beschäftigung mit diesem Autor, seiner Attraktivität zum Trotz, beschwerlich macht und vielleicht gar abstoßend wirkt: Seine Neigung zu lauten, pathetischen Tönen etwa kann nüchtern gestimmte Leser der *Räuber* oder von *Kabale und Liebe* ins Stolpern bringen. Die Lektüre des *Wilhelm Tell* hingegen mag an einigen Stellen den Eindruck erwecken, hier habe unter anderem eine Vorform heutiger Fremdenverkehrsvereine dem Autor die Feder geführt. Schiller ist denn auch in der Tat gelegentlich mit Hohn und Spott belegt worden, von Friedrich Nietzsche beispielsweise, der sich über den »Moral-Trompeter von Säckingen« mokiert hat. Aber diese Kritik, die neben völlig anderen Beurteilungen steht, verweist indirekt auch auf den Facettenreichtum des literarischen Phänomens Schiller, und gerade solche Widerständigkeit trägt zu dessen Reiz bei: Als klar konturierte Orientierungsgröße, als leicht konsumierbarer, sozusagen ohne Weiteres anschlussfähiger Ratgeber für den Leser unserer Zeit taugt Schiller nicht. Wohl aber ist er ein eigenwilliger Schriftsteller aus einer längst vergangenen Epoche, dessen Werk anhaltend ungelösten Problemen gewidmet ist. Dabei bedient er sich diverser Strategien, die uns teilweise antiquiert und befremdlich, teilweise aber auch höchst aktuell erscheinen mögen.

II. Zeittafel

Schillers Geburtshaus, um 1850

1759	10. November: Geburt in Marbach/Neckar als Sohn des beim Militär tätigen Johann Caspar Schiller und der Gastwirtstochter Elisabetha Dorothea, geb. Kodweiß
1765	Einschulung Schillers
1766	Nach mehreren anderen Umzügen Übersiedlung der Familie nach Ludwigsburg
1773	Eintritt in die Herzögliche Militair-Akademie (Carlsschule) auf Schloss Solitude
1775	Verlegung der Akademie nach Stuttgart Medizinstudium
1776	Erste Veröffentlichung Schillers: Gedicht *Der Abend* im *Schwäbischen Magazin*
1780	Anerkennung der Dissertation *Versuch über den Zusammenhang der tierischen Natur des Menschen mit seiner geistigen* Beginn der Tätigkeit als Regimentsmedikus
1781	Anonyme Veröffentlichung der *Räuber* im Selbstverlag
1782	13. Januar: Uraufführung der *Räuber* in Mannheim 22. September: Flucht aus Stuttgart

1783	Nach Aufenthalten an verschiedenen Orten Anstellung als Theaterdichter in Mannheim
	Veröffentlichung von *Die Verschwörung des Fiesko zu Genua*
1784	Veröffentlichung von *Kabale und Liebe*
	Freundschaft mit Charlotte von Kalb, Bekanntschaft mit Herzog Carl August von Weimar
1785	Übersiedlung nach Leipzig bzw. Dresden
	Beginn der lebenslangen Freundschaft mit Christian Gottfried Körner
1787	Veröffentlichung von *Dom Karlos* (später: *Don Karlos*)
	Aufenthalt in Weimar, Bekanntschaft mit Johann Gottfried Herder und Christoph Martin Wieland
	Freundschaft mit Charlotte von Lengefeld und ihrer Schwester Caroline von Beulwitz
1788	Aufenthalt in Volkstedt und Rudolstadt
	Erste Begegnung mit Goethe im Hause Lengefeld
1789	Unbesoldete Professur für Geschichtswissenschaft in Jena, Umzug nach Jena
1790	22. Februar: Heirat mit Charlotte von Lengefeld
1791	Deutliche Verschlechterung des seit Langem schon labilen Gesundheitszustands
	Finanzielle Unterstützung durch Erbprinz Friedrich Christian von Schleswig-Holstein-Augustenburg
1792	Die Pariser Nationalversammlung ernennt Schiller zum Ehrenbürger Frankreichs
1793	Reise nach Schwaben (bis Mai 1794) mit Aufenthalten in Heilbronn, Ludwigsburg, Stuttgart und einem Besuch der Carlsschule
1794	Freundschaft mit Goethe und Wilhelm von Humboldt, der auf Anregung Schillers nach Jena zieht
	Geschäftliche Verbindung zu dem Verleger Johann Friedrich Cotta

1795	*Die Horen* beginnen zu erscheinen. Veröffentlichung von *Über die äs-thetische Erziehung des Menschen in einer Reihe von Briefen* und Beginn der Veröffentlichung von *Über naive und sentimentalische Dichtung*
1797	Entstehung zahlreicher Balladen
1799	Fertigstellung der *Wallenstein*-Trilogie Umzug nach Weimar
1800	Fertigstellung von *Maria Stuart*
1801	Fertigstellung von *Die Jungfrau von Orleans*
1802	Kauf eines Hauses in Weimar Schiller erhält das Reichsadelsdiplom
1803	Fertigstellung von *Die Braut von Messina*
1804	Freundschaft mit Johann Heinrich Voß Fertigstellung des *Wilhelm Tell* Reise nach Berlin Verdoppelung des Jahresgehalts
1805	Am 9. Mai stirbt Schiller an akuter Lungenentzündung
1827	Die sterblichen Überreste Schillers werden in die Fürstengruft in Wei-mar überführt

Fürstengruft in Weimar, 19. Jahrhundert

NATUS

Spier

Germersen

Altrip · Heidelberg · Gottenbergh · Gmünd · Werdern · Krauia · Iaxt flu.
Ketsch · Ketsch · Wimpfen · Newenstatt · Ornberg · Sindering · Iaxthausen
Wiseloch · Hehnstatt · Reichen · Masenbach · Neckbersulm · Weinsberg · HOHENLOE Comit.
Windom · Vorfeldt · Becking · Norta · Hailbron · Grappenbach · Glaitt · Roth · Hall
Zuttern · Sintzen · Klein · Hamsuch · Massenbach · Weinsberg · Pfeilstein · Murhardt · Limburg · Gaildorff

Hertl · Udenheim · Graben · Saltz a. flu · Brakhenhaim · Laussen · Oberstenfeld · Sultzbach · LIMBURG
ein Zabern · Schneck · Knuthing · Pfaffenhaven · Biuikhen · Hesken · Botwar · Faustbach · Stift · Kochn · Adelmansfeld
Hegenbach · Gronbach · Maulbroun · Bietigkhem · Bleidelhaim · Stainhaim · Bakhana · Horn · Weltzach
Neuenburg · Gatzow · Burtach · Stain · Kirchbach · Bischkem · Winada · Bur · Horn
burg · Durlach · Elmeling · Parting · Rierzig · Marbach · Lorch · Gotzel · Herbach · Rosenfeld
Ihing · Aich · Busch · Schorndorf · Gmannd · Altberg · Weisensen
Iingen · Frawen · Pforzhaim · Greining · Leonberg · Werbing · Schmait · Wang · Gepping · Ebh · Duntendorf
Raslat · Alb · Nennburg · Wern · Koruweslow · Weyl · Cantstat · Wendling · Weila · Eybach · Glaytt
Wilbad · Zelg · Straubin · Haushaim · Weyl · Stutg · Essling · Plachin · HELFFENSTA
Herw · Alb · Hirschaw · Weding · Stamm · Eving · Kaltutal · Wexl · Wendling · Hadgenstain
Kalb · Sindsing · Gretzing · Kirchen · Au · Grossingen
Eberstain · Bulach die alt · Bergstat · Reyde · Bobling · Bebenhausen · Waltenbuch · Neyssen · Bering · Laiching · Asch
Oberkirchen · EBERSTAIN · Wittberg · Hernberg · Nagald · Tubingen · Aurach · Blaubeyren · Rukl
Comit · Gronbach · Rordorf · Rotenburg · Grauenberg · Seburg · Minsing · Aing · Erbach
Nopaw · Alberspach · niehs · Dornstet · Berlfing · Neva · Reisling · Pfulling · Steyssing · Wy
SCHWARTZWALD · Eytting · Harb · Ebing · Weyl · Pfulling · Gravenec · Disching · Ebing · Gut
Dornbam · Sultza · Herchi · Offenhausen · Lauten · Schmih · Bach · La
Sultz · Zollern · Poll · Zwisalten · Munchr
Hor · berg · Schranberg · Aving · ZOLLERN Comit · Hetting · Nntzal · Minderkirchen · Seckn · Bibrach
S. Iorgen · Oberndorf · Geyslin · Paling · Vernig · H.Crutz · Horn
Treyberg · Weyl · Rotwill · Ebing · Iunging · Scier · Reuling · Bus · Buchau · SVE Buchss
Geylin · HOHENBERG · Nusslingen · Iawerha · Saulge · Messkuch · Mengen
nenbach · S. Peter · Villing · BAAR Com · Webing · Beyern · Friding · Sigmering · Kunseek · Waldsee · Malstetti
Torner · Fischer · Tala · Weld · Pfullendorf · Brundt · Wuor
Losfing · Neyding · Duttling · Mulen · Wald · Schussenried

III. Biografischer Überblick

Die beiden bekanntesten Schiller-Denkmäler befinden sich im schwäbischen Marbach, Schillers Geburtsort, und in Weimar, seinem letzten Wohnsitz. In Weimar steht die Schiller-Figur neben derjenigen Goethes, des Freundes der späten Lebensjahre, auf dem Platz vor dem Deutschen Nationaltheater. Das sonst wenig bekannte Städtchen am Neckar und der Ort, mit dem sich bei vielen die Vorstellung von der Weimarer Klassik als dem Gipfel der deutschen Literaturgeschichte verbindet: Man könnte angesichts solcher geografischer Eckpunkte annehmen, Schillers Lebensweg sei zielstrebig und geradlinig verlaufen. Aber diese Vermutung trügt. Die Lebensgeschichte Goethes in ihren äußeren Abläufen kann man sich tatsächlich recht gut vor Augen führen, wenn man sich an die Geburtsstadt Frankfurt und den späteren Wohnsitz Weimar hält – und als Nebenschauplätze einige Studienorte und wichtige Reiseziele hinzunimmt. Schillers Leben verlief erheblich unruhiger, obwohl es weit weniger Jahre umspannte. Das gilt nicht nur für die Orte, an denen er wohnte, sondern auch in Bezug auf wechselnde Ambitionen und Tätigkeiten.

Von Marbach nach Weimar

Schillers Kindheit und Jugend stehen mittelbar und unmittelbar im Zeichen des Württemberger Herzogs Carl Eugen (1728–1793), eines absolutistischen Herrschers. Carl Eugen sichert sich unter anderem schon dadurch einen stabi-

Herzog Carl Eugen

19

len, aber wenig rühmlichen Platz in der deutschen Literaturgeschichte, dass er 1777 den Schriftsteller Christian Friedrich Daniel Schubart für zehn Jahre auf der Festung Hohenasperg einsperren lässt, nachdem dieser in seiner *Deutschen Chronik* Kritik an den bedrückenden Umständen des Feudalsystems geübt hat.

Familie

In Marbach also wird Johann Christoph Friedrich Schiller am 10. November 1759 – inmitten des Siebenjährigen Krieges (1756–1763) – als zweites Kind seiner Eltern geboren; die Mutter Elisabetha Dorothea (1732–1802) ist Tochter eines Gastwirts, der Vater Johann Caspar (1723–1796), der sich zunächst als Wundarzt in Marbach niedergelassen hat, dient dem Herzog in verschiedenen militärischen Funktionen. Nach den überlieferten Berichten scheint die Mutter weitgehend den Typus der frommen, ganz auf die Familie konzentrierten Hausfrau zu verkörpern, während der Vater mit bemerkenswertem autodidaktischem Engagement verschiedenste Interessen pflegt. Diese Flexibilität erntet ihren Lohn, als er 1775 zum Leiter der Hofgärten auf dem herzoglichen Schloss Solitude berufen wird und so einen zuvor kaum absehbaren Gipfelpunkt seines beruflichen Weges erreicht.

Johann Caspar Schiller

Elisabetha Dorothea Schiller

Porträts von Ludovike Simanowiz, 1793

Ausbildung

Bis es so weit ist, zieht die Familie mehrfach um. Friedrich Schiller beginnt seine Schulausbildung 1765 in Lorch im Remstal und erhält zusätzlich Lateinunterricht bei Pfarrer Philipp Ulrich Moser, dem Vater eines Freundes.

Ansicht Schloss Solitude, um 1850

1767 tritt er in die Lateinschule in Ludwigsburg ein, wo die Familie seit dem vorigen Jahr wohnt. Zu diesem Zeitpunkt zeichnet sich für ihn eine Zukunft als Geistlicher ab, zumal er mit Erfolg die Prüfungen ablegt, deren Bestehen eine Voraussetzung für die Aufnahme des theologischen Studiums bildet. Aber der Wille des Herzogs treibt ihn in eine andere Richtung: Carl Eugen hat auf der Solitude eine sogenannte militärische Pflanzschule gegründet, eine pädagogische Einrichtung, an der die begabtesten männlichen Landeskinder erzogen werden sollen. Diese Schule muss von Januar 1773 auch der junge Schiller besuchen – gegen den eigenen Willen und den der Eltern. Die Möglichkeit zu einem Theologiestudium besteht hier nicht; stattdessen entscheidet sich Schiller, mit mäßigem Interesse, zunächst für das Studium der Rechtswissenschaft und später für das der Medizin. Der größte Teil des Unterrichts an der Hohen Carlsschule, die 1775 nach Stuttgart verlegt wird, erfolgt freilich nicht speziell in diesen Bereichen, sondern gilt der klassisch-humanistisch inspirierten Förderung im Bereich alter und neuer Sprachen, der Mythologie und Geschichte, der Philosophie, Mathematik und Rhetorik.

Die Erfahrungen, die Schiller in dieser Phase seines Lebens macht, fallen extrem zwiespältig aus. Zum einen gelangt er in den Genuss einer umfassenden und anregenden Bildung auf den verschiedensten Gebieten. An der Carlsschule sind überaus kompetente Pädagogen tätig, die sowohl reichhaltiges traditionelles Wissen als auch aufklärerische Positionen vermitteln. So unterrichtet Jakob Friedrich Abel, Schillers wohl wichtigster Lehrer, Philosophie. Er entwickelt dabei Gedanken zum Beispiel über das Wesen des Genies, die bestens zu den aktuellen Vorstellungen des Sturm und Drang passen, dem später Schillers erste größere literarische Arbeiten verpflichtet sind. Andererseits aber zeigt sich die Carlsschule eben auch als eine militärische Einrichtung und treibt den Drill, dem ihre Zöglinge ausgesetzt sind, sehr weit: Der Tagesablauf ist streng reglementiert, die Uniform tragenden Schüler müssen die Kontakte

Jacob Friedrich Abel
um 1800

zur eigenen Familie weitgehend einstellen, und es wird von ihnen verlangt, dass sie Berichte über ihre Mitschüler schreiben, um deren Entwicklung zu fördern – eine Pflicht, die man auch als Aufforderung zur Denunziation verstehen darf. Nach eigener späterer Darstellung empfindet Schiller das alles wie eine Folter und als Absperrung von den Verhältnissen in der übrigen Welt.

Friedrich Schillers literarisches Werk wird sich in erster Linie auch dadurch auszeichnen, dass es immer wieder Figuren auf der Suche nach Freiheit und Selbstbestimmung, nach einem eigenen Weg und eigenen Zielen zeigt. Der Gedanke liegt nahe, dass solche Ambitionen einschließlich der mit ihnen verbundenen Irrtümer biografisch durch die leidvollen Erfahrungen vorgeprägt sind, die ihr Urheber auf der Carlsschule macht. Das Fundament für

die Fähigkeit, literarisch tätig zu werden, wird hier ebenfalls gehärtet: Der frühzeitig an der Dichtung interessierte Schiller arbeitet sich jetzt, teilweise angeleitet von seinen Lehrern, in weite Bereiche der Literaturgeschichte ein. Shakespeare zählt ebenso zu den bevorzugt gelesenen Autoren wie die Zeitgenossen des Sturm und Drang, die Shakespeare zu ihrem Idol erkoren haben, aber Schiller lernt auch eine Vielzahl weiterer deutscher und fremdsprachiger Autoren kennen.

John Taylor:
W. Shakespeare,
um 1610

Dissertation   Es bleibt nicht bei einer eher passiv-rezeptiven Beziehung zu vorhandenem Schrifttum: Schiller wird nun selbst schreibend aktiv und verzeichnet damit Erfolge. In diesem Zusammenhang ist weniger daran zu denken, dass er nach anfänglichen Schwierigkeiten schließlich doch mit einer Dissertation über den *Zusammenhang der tierischen Natur des Menschen mit seiner geistigen* im Dezember 1780 sein Studium als Doctor medicinae zu Ende bringen kann. Vielmehr entstehen nun erste literarische Texte, die auch veröffentlicht werden: Im Oktober 1776 debütiert er im *Schwäbischen Magazin* mit dem Ge-

dicht *Der Abend*. Ein Trauerspiel, *Cosmus von Medicis*, das in demselben Jahr entsteht, bleibt zwar unpubliziert, aber ein Jahr später beginnt er mit der Arbeit an einem weiteren Drama, das bald seinen Ruhm begründen wird: *Die Räuber*.

Nach der Entlassung aus der strengen Carlsschule arbeitet Schiller als Regimentsmedikus in Stuttgart, stellt sich also formal in den Dienst des Herzogs. Eine umfassende und heftige persönliche Reaktion auf die vorherigen Disziplinierungserfahrungen bleibt nicht aus: »Nach Berichten von Augenzeugen trank er viel (mehr, als er von seinem kärglichen Gehalt bezahlen konnte), huldigte dem Karten- und Kegelspiel, konsumierte Unmengen an Schnupftabak und machte nun endlich die ersten intimen Bekanntschaften mit dem weiblichen Geschlecht« (Oellers 2005, S. 44f.). Aber er forciert auch seine literarische Tätigkeit, setzt unter anderem die Arbeit an den *Räubern* fort und veröffentlicht das Werk 1781 anonym im Selbstverlag – die Auflagenhöhe beträgt 800 Exemplare. Das Drama findet das Interesse Heribert von Dalbergs, des Intendanten am Mannheimer Nationaltheater; er möchte es auf die Bühne bringen und bittet Schiller um eine entsprechende Überarbeitung des Textes. Am 13. Januar 1782 werden *Die Räuber* in Anwesenheit ihres Verfassers mit Erfolg uraufgeführt. Da er sich jedoch nicht nur aus diesem Anlass, sondern auch noch einmal einige Monate später ohne Erlaubnis auf die Reise nach Mannheim begibt und das unbotmäßige Verhalten entdeckt wird, schickt ihn der Herzog für vierzehn Tage in Arrest. Schiller nutzt die Haftzeit für die Arbeit an dem inzwischen begonnenen Drama *Die Verschwörung des Fiesko zu Genua* und entwickelt erste Überlegungen für ein Stück mit dem Titel *Luise Millerin* (später: *Kabale und Liebe*). Der Herzog verbietet jedoch weitere literarische Aktivitäten, und Schiller erkennt nun endgültig, dass er in

Regimentsmedikus

Ph. F. v. Hetsch: Schiller als Regimentsarzt, um 1781/82

dessen Herrschaftsbereich nicht bleiben mag: Am 22. September 1782 flieht er im Schutz der Dunkelheit aus Stuttgart, begleitet von seinem Freund Andreas Streicher.

Kann man die Jahre in der Carlsschule als Schillers Lehrjahre bezeichnen – wobei sich die Weisheit, dass Lehrjahre keine Herrenjahre sind, in diesem Fall geradezu modellhaft bestätigt –, so folgen nun gewissermaßen die Wanderjahre: Schillers Leben zeichnet sich fortan erst einmal durch einen stetigen Wechsel des Aufenthaltsortes aus. Die Perspektive einer konventionellen bürgerlichen Berufslaufbahn hat er mit seinem Weggang aus Stuttgart endgültig aufgegeben. Die naheliegende Alternative einer Existenz als freier Schriftsteller erweist sich jedoch, den ersten literarischen Erfolgen zum Trotz, als ein überaus heikles Unterfangen. Tatsächlich sind die Verhältnisse im Bereich des Theaters und der Literatur zu jener Zeit nicht derart, dass ein auch noch so begabter Autor darauf mit Gewissheit eine materiell gesicherte Zukunft gründen kann: Das, was man später den literarischen Markt nennen wird, bildet ein kleines, zudem juristisch noch kaum geregeltes Feld, in dem beispielsweise erfolgreiche Bücher regelmäßig von Raubdruckern kopiert werden, ohne dass sich die Opfer dagegen mit Erfolg wehren könnten. Entsprechend sind die Verkaufszahlen, von denen ein Autor profitiert, gering. Überdies gilt Schiller aufgrund der Umstände seines Verschwindens aus Stuttgart als Deserteur und damit als Straftäter, dem die Verfolgung durch die Häscher des Herzogs droht.

Schillers erste Stationen nach der Flucht sind Mannheim, Frankfurt, Oggersheim – wo er unter dem Namen Doktor Schmidt auftritt –, das Gut Bauerbach bei Meiningen – wo er sich Doktor Ritter nennt – und wiederum Mannheim. Dort erhält er im Juni des Jahres 1783 von Dalberg einen Einjahresvertrag als Theaterdichter, demzufolge er für 300 Gulden drei Dramen fertigstellen muss. Es gelingt ihm jedoch nicht, sich in Mannheim dauerhaft zu etablieren; der Vertrag wird nicht verlängert, und Schiller gerät abermals in Not, zumal ihm nunmehr auch sein Vater jegliche finanzielle Unterstützung entzieht. Außerdem plagt ihn im Winter 1783/84 eine hartnäckige fiebrige Erkrankung.

Glückliche Umstände helfen weiter: Einige sächsische Verehrer des in einschlägigen Kreisen nun schon recht prominenten Dichters, darunter Christian Gottfried Körner (1756–1831), suchen brieflich den Kontakt zu ihm und laden ihn zu einem Besuch in ihrer Heimat ein. Die Aufnahme der persönlichen Bekanntschaft verläuft so erfreulich, dass Schiller die nächsten zwei Jahre in Leipzig und Dresden verbringt (1785–1787). Körner, Jurist und selbst als Autor aktiv, entwickelt sich zum besten Freund, den Schiller je hat; er vermittelt ihm Kontakte, die bei weiteren Publikationen hilfreich sind, und seine soliden pekuniären Verhältnisse erlauben es ihm, den Schriftsteller materiell großzügig zu unterstützen. Dieser nimmt die Hilfe zunächst gern an; aber im Lauf der Zeit wird ihm mit wachsendem Unbehagen bewusst, dass er immer noch ein Leben in Abhängigkeit von anderen führt.

Anton Graff:
C. G. Körner, 1794

Dabei kann er mittlerweile eine intensive literarische Produktivität auf verschiedensten Gebieten vorweisen. Die oben genannten Dramenprojekte sind zum Abschluss gebracht worden, dazu wird *Dom Karlos* (später: *Don Karlos*) fertiggestellt, ein besonders umfangreiches Theaterstück. Schiller betätigt sich darüber hinaus als Übersetzer ebenso wie als Lyriker, verfasst die Erzählung *Verbrecher aus Infamie*, ästhetisch-philosophische Reflexionen und geschichtswissenschaftliche Untersuchungen. Auch als Herausgeber tritt er hervor: Nachdem er schon lange vorher eine *Anthologie auf das Jahr 1782* ediert – und zum großen Teil mit eigenen Gedichten gefüllt – hat, bringt er 1785 die *Rheinische Thalia* (ab dem zweiten Heft: *Thalia*) auf den Weg, eine Zeitschrift, die er ebenfalls mit zahlreichen eigenen Arbeiten bereichert. Friedrich Schiller ist nun also in mehr oder weniger sämtlichen Bereichen aktiv, in denen man als

Literat zu dieser Zeit überhaupt aktiv sein kann; aber das alles reicht nicht hin, ihn aus der skizzierten ökonomischen Misere zu befreien.

Henriette
von Arnim

Margarethe
Schwan

Im privaten Bereich ist in den mittleren 1780er-Jahren eine Vielzahl von unterschiedlich intensiven Beziehungen zu diversen Frauen zu verzeichnen. Zu ihnen gehören einige Schauspielerinnen, die in Inszenierungen von Schiller-Stücken auftreten, ebenso wie Wilhelmine Friederike Schneider, die Gattin eines Leipziger Buchhändlers, und die neunzehnjährige Henriette von Arnim, mit der Schiller trotz ihres zweifelhaften Rufes in den letzten Monaten vor seiner Abreise aus Dresden eine heftige Liaison verbindet. Gleich zweimal in dieser Zeit werden Heiratsanträge Schillers abschlägig beschieden: Weder die angestrebte Vermählung mit Charlotte von Wolzogen (1783) noch die mit der Verlegerstochter Margarethe Schwan (1785) kommt zustande. Als dauerhaft folgenreich erweist sich dagegen die Freundschaft mit Charlotte von Kalb (1761–1843), der Ehefrau eines Offiziers in französischen Diensten, die Schiller im Mai 1784 in Mannheim kennenlernt. Sie vermittelt ihm eine Einladung an den Darmstädter Hof, wo er im Dezember den ersten Akt des *Don Karlos* vorliest. Unter den Zuhörern befindet sich Carl August, der Herzog von Weimar (1757–1828); er ist beeindruckt von dem, was da vorgetragen wird, und ernennt Schiller wenig später zum Fürstlichen Rat seines Landes. Zwar hat diese Ehre keine unmittelbar profitablen Folgen, aber mit ihr ist ein erster Kontakt zu jener Stadt geknüpft, die in Schillers Lebensgeschichte noch eine größere Rolle als jede andere spielen wird.

Als Schiller im Juli 1787 Dresden verlässt – im Einvernehmen mit Körner –, ist denn auch sein Ziel Weimar. Dort unternehmen Carl August und seine Mut-

Carl August, Herzog von Weimar, und seine Mutter Anna Amalia

ter Anna Amalia seit längerer Zeit den Versuch, ein Zentrum schöngeistig-literarischen Lebens zu etablieren. Einige herausragende Literaten sind dem Ruf in die kleine Residenzstadt gefolgt, die über wenig mehr als 6.000 Einwohner verfügt und sich doch schon des Rufs eines Ilm-Athens erfreut: Christoph Martin Wieland (1733–1813), Johann Gottfried Herder (1744–1803) und Goethe (1729–1832) wohnen dort. Schiller macht sehr schnell die Bekanntschaft Wielands und Herders, diejenige Goethes hingegen zunächst nicht, da dieser sich zurzeit in Italien aufhält. Die Anwesenheit Charlotte von Kalbs begünstigt Schillers Einführung in die höfischen Kreise der Weimarer Gesellschaft.

L. Simanowiz:
Charlotte von Lengefeld, o.J.

Charlotte von Lengefeld

Bei einem Aufenthalt in der Nähe von Weimar lernt Schiller gegen Ende des Jahres 1787 eine weitere Frau mit dem Vornamen Charlotte kennen, Charlotte von Lengefeld (1766–1826), seine künftige Gattin, sowie deren ältere Schwester Caroline (1763–1847), unglücklich verheiratete von Beulwitz. Eine pikante Konstellation bahnt sich an: »Schiller liebte beide Schwestern, wahrscheinlich die temperamentvolle Caroline (die erst 1794 geschieden wurde und dann Wilhelm von Wolzogen, Schillers Freund aus Carlsschulzeiten, heiratete) zunächst heftiger« (Oellers 2005, S. 69). Da sich die Beziehung zwischen den drei Personen so kompliziert darstellt, wird es vor der Vermählung, die am 22. Februar 1790 stattfindet, einer besonderen Maßnahme Schillers bedürfen, die Weichen zu stellen: Im November 1789 muss er Charlotte in einem Brief detailliert darlegen, warum er nicht ihre Schwester, sondern sie heiraten möchte.

Ferdinand Jagemann:
Christoph Martin Wieland,
1805

Schiller bleibt zunächst für zwei Jahre in Weimar und der Umgebung, in Volkstedt und Rudolstadt. Als besonderer Förderer erweist sich Wieland: Er bespricht in seinem renommierten *Teutschen Merkur* den *Don Karlos* mit freundlichen Worten und bietet darin auch Schiller selbst verschiedene Publikationsmöglichkeiten. Schiller treibt in dieser Zeit vor allem seine geschichtswissenschaftlichen Studien voran, und auch da spielt Wieland eine maßgebliche Rolle: Er ermuntert ihn, die umfangreiche *Geschichte des Abfalls der vereinigten Niederlande von der spanischen Regierung* fertigzustellen. Damit etabliert sich der Autor endgültig auch als ein Historiker von Rang.

Georg Christoph Kilian:
Jena, um 1740

Jena Dank dieser Qualifikation ergibt sich eine weitere bedeutungsvolle Veränderung in Schillers Leben: Im Mai 1789 zieht er nach Jena um und folgt damit dem Ruf der dortigen Universität auf eine außerordentliche Professur für Geschichte. In diesem Fall ist Goethe derjenige, der den Weg ebnet, denn er schlägt dem Geheimen Consilium in Weimar, das über solche Angelegenheiten zu entscheiden hat, Schillers Berufung vor. Schiller und Goethe sind einander kurz zuvor erstmals im Hause Lengefeld begegnet, doch ist dieses Zusammentreffen eher oberflächlich verlaufen und hat noch nichts ahnen lassen von der späteren intensiven Kommunikation und Kooperation. Man hat viel darüber spekuliert, warum Goethe sich trotz der zu diesem Zeitpunkt noch rudimentären persönlichen Beziehungen derart für Schiller einsetzt. Eine verbreitete These lautet, dass er nach der Rückkehr aus Italien in dem jüngeren Autor einen literarischen Rivalen entdeckt, den er respektieren muss, aber nur zu gern aus Weimar entfernen möchte. Zudem sehe er in Schiller immer noch den brauseköpfigen Sturm-und-Drang-Autor der frühen Dramen, der nicht zu den ästhetischen Konzepten passt, die Goethe selbst – in Abkehr vom Sturm und Drang – während der letzten Jahre entwickelt hat.

Schillers Debüt in Jena verläuft erfolgreich: Die Antrittsvorlesung mit dem ehrgeizigen Titel *Was heißt und zu welchem Ende studiert man Universalgeschichte?* zieht ein großes Publikum an. Aber schon bald treten die Schattenseiten der neuen Tätigkeit hervor: In den nächsten Semestern geht die Zahl der Hörer kontinuierlich zurück; die einzige Einnahmequelle bildet zunächst das spärlich fließende Kolleggeld, und das ab Januar 1790 dann doch bezogene Jahresgehalt von 200 Talern kann die finanzielle Not ebenso wenig beseitigen wie die Mittel, die Charlotte mit in die Ehe bringt. Die kurz vor der Vermählung erfolgende Ernennung zum Hofrat gleicht zwar den Standesunterschied zwischen den Eheleuten halbwegs aus, ändert aber an der materiellen Misere nichts. Auch die Honorare, die Schiller durch seine Veröffentlichungen bezieht, fallen zu dieser Zeit weiterhin keineswegs üppig aus. Hilfreicher ist da schon die Unterstützung, die ihm ab Ende 1791 der Erbprinz Friedrich Christian von Schleswig-Holstein-Augustenburg – angeregt von Verehrern des Dichters – gewährt: eine auf drei Jahre verteilte Zahlung von 3000 Talern. Etwa ab Mitte der 1790er-Jahre verbessert sich dann die finanzielle Situation auch deshalb, weil Schiller in geschäftliche Beziehungen zu dem Tübinger Verleger Johann Friedrich Cotta (1764–1832) tritt, der ihm großzügigere Honorare als die bisher bezogenen zahlt.

Anton Graff: Friedrich Christian II., 1790er-Jahre

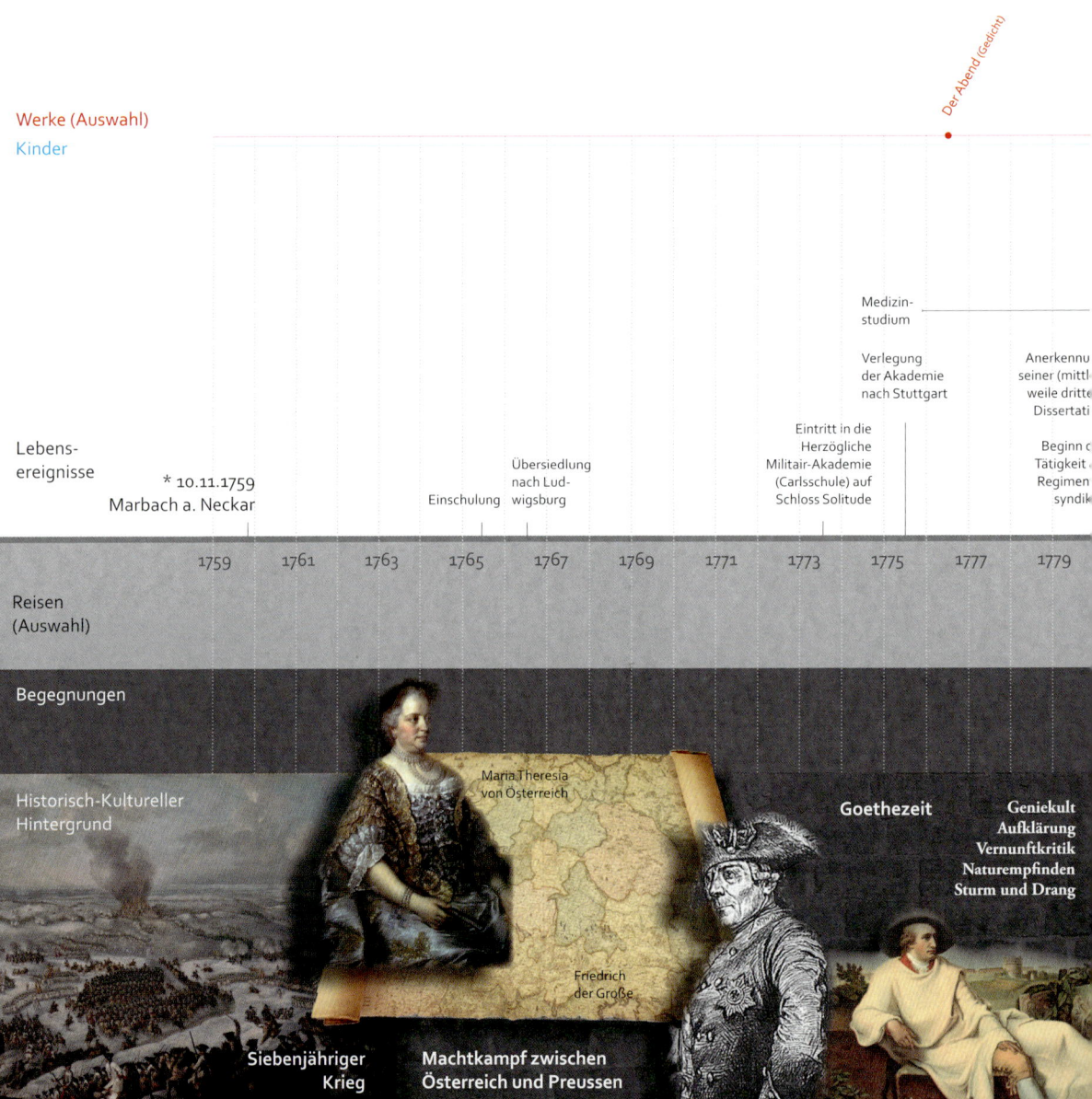

Werke (Auswahl)

Der Abend (Gedicht)

Kinder

Lebens-ereignisse

Medizin-studium

Verlegung
der Akademie
nach Stuttgart

Anerkennu
seiner (mittl
weile dritte
Dissertati

Eintritt in die
Herzögliche
Militair-Akademie
(Carlsschule) auf
Schloss Solitude

Beginn d
Tätigkeit
Regimen
syndik

* 10.11.1759
Marbach a. Neckar

Übersiedlung
nach Lud-
wigsburg

Einschulung

1759   1761   1763   1765   1767   1769   1771   1773   1775   1777   1779

**Reisen
(Auswahl)**

Begegnungen

**Historisch-Kultureller
Hintergrund**

Maria Theresia
von Österreich

Goethezeit

**Geniekult
Aufklärung
Vernunftkritik
Naturempfinden
Sturm und Drang**

Friedrich
der Große

**Siebenjähriger
Krieg**

**Machtkampf zwischen
Österreich und Preussen**

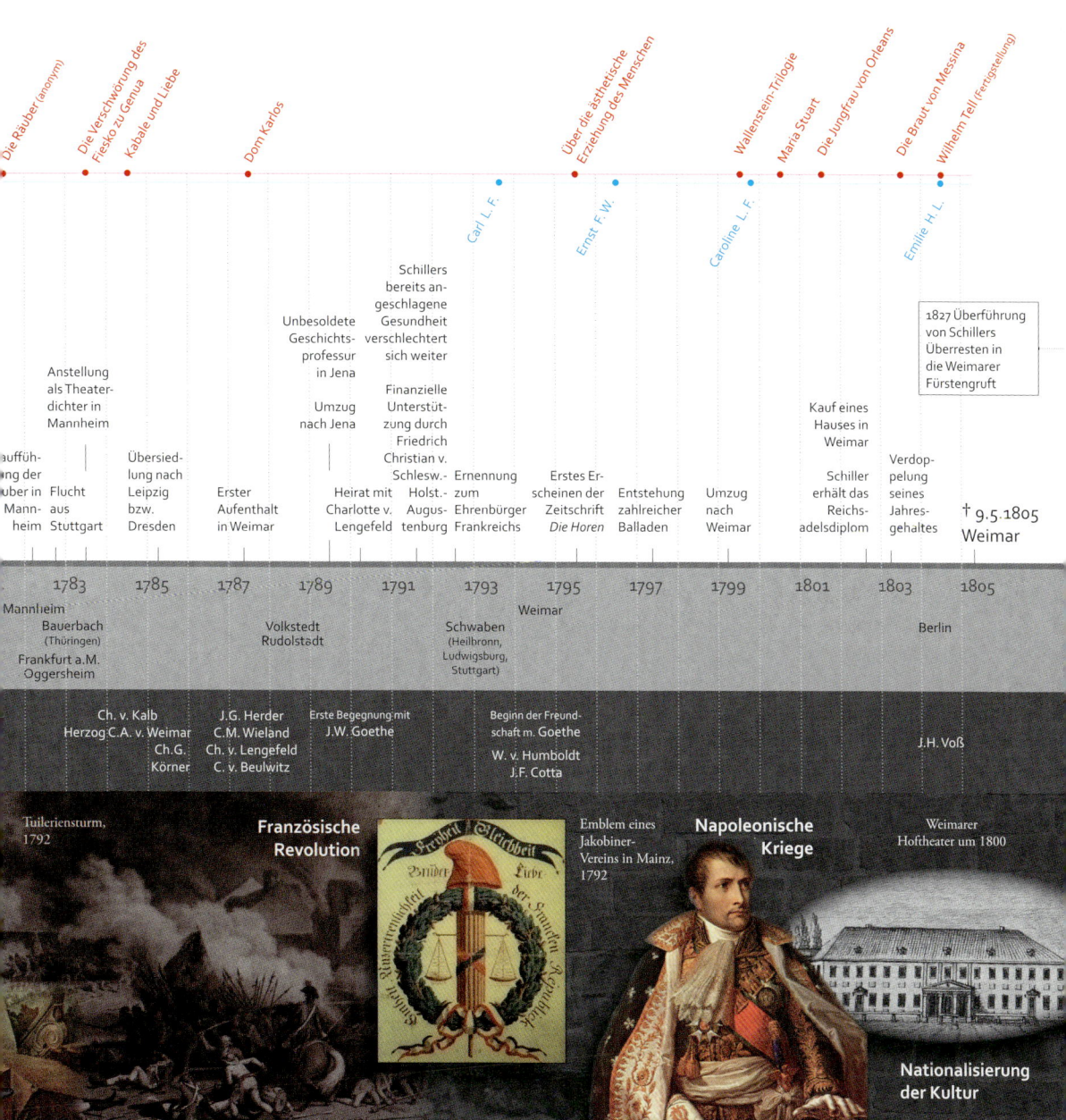

Die Räuber (anonym)

Die Verschwörung des Fiesko zu Genua

Kabale und Liebe

Dom Karlos

Über die ästhetische Erziehung des Menschen

Wallenstein-Trilogie

Maria Stuart

Die Jungfrau von Orleans

Die Braut von Messina

Wilhelm Tell (Fertigstellung)

Carl L. F.

Ernst. F. W.

Caroline L. F.

Emilie H. L.

Schillers bereits angeschlagene Gesundheit verschlechtert sich weiter

Anstellung als Theaterdichter in Mannheim

Unbesoldete Geschichtsprofessur in Jena

Umzug nach Jena

Finanzielle Unterstützung durch Friedrich Christian v. Schlesw.-Holst.-Augustenburg

1827 Überführung von Schillers Überresten in die Weimarer Fürstengruft

Kauf eines Hauses in Weimar

Schiller erhält das Reichsadelsdiplom

Verdoppelung seines Jahresgehaltes

(auff)ührung der (Rä)uber in Mannheim

Flucht aus Stuttgart

Übersiedlung nach Leipzig bzw. Dresden

Erster Aufenthalt in Weimar

Heirat mit Charlotte v. Lengefeld

Ernennung zum Ehrenbürger Frankreichs

Erstes Erscheinen der Zeitschrift Die Horen

Entstehung zahlreicher Balladen

Umzug nach Weimar

† 9.5.1805 Weimar

1783 1785 1787 1789 1791 1793 1795 1797 1799 1801 1803 1805

Mannheim
Bauerbach (Thüringen)
Frankfurt a.M.
Oggersheim

Volkstedt
Rudolstadt

Weimar

Schwaben (Heilbronn, Ludwigsburg, Stuttgart)

Berlin

Ch. v. Kalb
Herzog C.A. v. Weimar
Ch.G. Körner

J.G. Herder
C.M. Wieland
Ch. v. Lengefeld
C. v. Beulwitz

Erste Begegnung mit J.W. Goethe

Beginn der Freundschaft m. Goethe

W. v. Humboldt
J.F. Cotta

J.H. Voß

Tuileriensturm, 1792

Französische Revolution

Emblem eines Jakobiner-Vereins in Mainz, 1792

Napoleonische Kriege

Weimarer Hoftheater um 1800

Nationalisierung der Kultur

Bereits nach zwei Jahren stellt Schiller seine Lehrtätigkeit als Historiker wieder ein. Dennoch bleibt er, mit Unterbrechungen, für rund ein Jahrzehnt in Jena. Zu den biografischen Merkmalen dieser Zeit gehört es, dass sich der schon vorher gelegentlich Kränkelnde im Januar 1791 ein schweres Lungenleiden zuzieht, von dem er sich nie wieder ganz erholen wird. Im Zusammenhang mit einem schweren Rückfall, der ihn bereits wenige Monate später trifft, verbreitet sich kurzzeitig sogar das Gerücht, er sei gestorben. Die erfreuliche Korrektur dieser falschen Nachricht ist es, die den Anstoß zur Gewährung der finanziellen Hilfe aus dem hohen Norden gibt.

Über einen generellen Mangel an Anerkennung kann sich Schiller in den Jenaer Jahren indes nicht beklagen, und das gilt für den deutschen wie den internationalen Sprachraum. Anfang 1791 wird er – unmittelbar vor dem Ausbruch seiner Krankheit – Mitglied der Kurfürstlichen Akademie nützlicher Wissenschaften in Erfurt. 1792 verleiht die Pariser Nationalversammlung in Erinnerung an die gesellschaftskritischen Tendenzen seiner frühen Dramen »le sieur Gille, Publiciste allemand«, das französische Bürgerrecht – eine Auszeichnung, über die Schiller spätestens dann nicht uneingeschränkt glücklich sein kann, als die inhumane Radikalität in der Entwicklung der Französischen Revolution ihn enttäuscht und entsetzt. 1793 erfährt Schiller, dass Herzog Carl Eugen ihn künftig unbehelligt lassen wird; er stattet der Carlsschule in Stuttgart einen Besuch ab, bei dem ihn mehrere hundert Schüler begeistert empfangen. Ferner wird er, wie auch Goethe, Ehrenmitglied der Naturforschenden Gesellschaft in Jena und nimmt im Juli 1794 an deren Tagung teil. 1795 erreicht ihn der Ruf auf eine ordentliche Professur nach Tübingen, den er jedoch nicht annimmt. 1797 wird Schiller zum Mitglied der Stockholmer Akademie der Wissenschaften erkoren, 1798 zum Honorarprofessor der Universität Jena ernannt.

J. C. Schlotterbeck:
Herzog Carl Eugen, 1782

Drei der vier Kinder, die Charlotte gebiert, kommen in den Jenaer Jahren auf die Welt: die Söhne Carl (1793) und Ernst (1796) sowie die Tochter Ca-

Schillers Kinder

roline (1799); 1804 wird noch die Tochter Emilie folgen. Die Familie zieht mehrfach um; 1797 erwirbt Schiller ein Gartenhaus, das die Familie in den nächsten Jahren im Sommer bewohnt, während sie den Winter in einer Stadtwohnung verbringt. Eine nennenswerte Unterbrechung erfährt der Aufenthalt in Jena während der Jahre 1793/94: Neun Monate lang besucht Schiller – von der Bedrohung durch Herzog Carl Eugen endgültig befreit – seine alte Heimat, hält sich jeweils einige Zeit in Heilbronn, Ludwigsburg und Stuttgart auf und sieht die Eltern und Schwestern wieder. In diese Zeit fällt auch die erwähnte Huldigung an der Carlsschule.

In Jena wie auch auf seinen Reisen schließt Schiller eine Reihe neuer Bekanntschaften von unterschiedlicher, teils sehr ausgeprägter Intensität. Insbesondere Literaten gehören dazu, so Jean Paul (1763–1825) und die Brüder August Wilhelm (1767–1845) und Friedrich Schlegel (1772–1829), Friedrich Hölderlin (1770–1843) und Friedrich Matthisson (1761–1831), ebenso die Philosophen Johann Gottlieb Fichte (1762–1814) – mit dem es aber 1795 zu einem heftigen Streit über einen Aufsatz Fichtes kommt, den Schiller nicht publizieren will – und Friedrich Wilhelm Joseph Schelling (1775–1854). Besonders hervorzuheben ist die Freundschaft mit Wilhelm von Humboldt (1767–1835), der gar auf Anregung Schillers 1794 nach Jena zieht, wo es dann zu nahezu täglichen Begegnungen kommt. Schiller hält aber auch an seinen Verbindungen zu alten Freunden fest, wie sich nicht zuletzt bei seiner Reise nach Württemberg zeigt.

Bekanntschaften

Begegnungen mit
(v. links n. rechts)
Jean Paul
A. W. Schlegel
F. Schlegel
F. Hölderlin
F. Matthisson
J. G. Fichte
W. J. Schelling
W. v. Humboldt

Als wahrhaft epochemachend erweist sich die Verbesserung der Beziehung zu Goethe. Nachdem die beiden im Juli 1794 an der Tagung der Naturforschenden Gesellschaft in Jena teilgenommen haben, ergibt sich die Möglichkeit zu einem ausführlichen Gespräch, das den Beginn einer stabilen Freundschaft und einer gründlichen Kooperation markiert: Goethe und Schiller entdecken jetzt, wie viel Gemeinsames und Verbindendes sie haben und wie sehr sie voneinander profitieren können. In den nächsten Jahren, bis zu Schillers Tod, kommt es zu intensiven Kontakten auf allen denkbaren Ebenen: zu zahlreichen persönlichen Besuchen hier und dort, zu einer umfangreichen Korrespondenz, zur wechselseitigen Einflussnahme auf die in Arbeit befindlichen literarischen Werke und

Johann C. Reinhart: Schiller und Goethe im Gespräch, 1804

zu gemeinsam betriebenen Projekten. Es entsteht das, was man in der Literaturgeschichtsschreibung später als Weimarer Klassik etikettieren wird, und manches an dem Umgang, den Goethe und Schiller miteinander – und gelegentlich auch mit ihren Kritikern – pflegen, deutet darauf hin, dass sie sich des historischen Charakters ihrer Beziehung in hohem Maße bewusst sind und sie entsprechend gestalten. Bis heute werden denn auch die Namen der beiden häufiger in einem Atemzug genannt, als das bei den meisten anderen freundschaftlich verbundenen Schriftstellern geschieht. Das gilt für die verschiedensten Themen und sogar auch im Hinblick auf Entlegenes und Merkwürdiges: Die immer wieder gern kolportierte Geschichte vom Geruch der faulen Äpfel beispielsweise, die Schiller zur Förderung der eigenen Schaffenskraft in seinem Schreibtisch deponiert haben soll, geht auf einen Bericht Goethes zurück.

Hat Schiller sich in der kurzen ersten Weimarer Zeit vor allem als Historiker profiliert, so wendet er sich während der mittleren Jahre in Jena wieder vielfältigeren literarischen Projekten zu. Zwar entsteht zu Beginn des Jahrzehnts mit der *Geschichte des Dreißigjährigen Kriegs* eine weitere große geschichtswissenschaftliche Abhandlung, aber es ist bezeichnend, dass er im Zusammenhang

Die Horen

eine Monatsschrift

herausgegeben von Schiller

Erster Band.

Tübingen
in der J. G. Cottaischen Buchhandlung
1795.

Titelblatt des ersten Horen-Bandes, 1795

mit dieser Arbeit auf den Gedanken verfällt, ein Drama über Wallenstein zu schreiben, eine exponierte Figur dieses gewaltigen historischen Komplexes, und dass daraus das umfangreichste literarische Werk erwachsen wird, das Schiller jemals verfasst. Der Poet Schiller kehrt also zurück, und in dieser Phase entstehen – in freundschaftlichem Wettstreit mit Goethe – sogar jene Texte, die bei der volkstümlichen Wirkung Schillers die wohl wichtigste Rolle spielen werden: die großen Balladen wie *Der Ring des Polykrates* und *Der Taucher*, überwiegend geschrieben in dem als Balladenjahr in die Historie eingegangenen Jahr 1797. Auf der anderen Seite des Arbeitsspektrums finden sich philosophisch-ästhetische Abhandlungen, mit Titeln wie *Über Anmut und Würde* und *Über die ästhetische Erziehung des Menschen*, und Schiller widmet sich intensiv dem Studium der Schriften Immanuel Kants. Auch als Herausgeber bleibt er weiter tätig: Von 1795 bis 1797 erscheinen die von Cotta verlegten *Horen*, Schillers wohl ehrgeizigstes Zeitschriftenprojekt, für das er die herausragenden Autoren Deutschlands, Goethe an der Spitze, zu gewinnen versucht. *Die Horen* erregen zunächst beträchtliches Aufsehen, verlieren dann aber rasch an Zuspruch, und die Zahl der Käufer geht deutlich zurück.

Im Dezember 1799 zieht die Familie Schiller nach Weimar um und bleibt dort bis zu Schillers Tod. Friedrich Schiller erlebt hier noch einmal ein außerordentlich produktives halbes Jahrzehnt. Der Schwerpunkt der Arbeit liegt auf der Anfertigung von Dramen: *Maria Stuart, Die Jungfrau von Orleans, Die Braut von Messina, Wilhelm Tell*. Überhaupt gilt dem Theater in diesen Jahren seine besondere Zuneigung, wie sich an der Kooperation mit Goethe in Bezug auf das von diesem geleitete Weimarer Hoftheater zeigt: Schiller wirkt bei der Vorbereitung von Aufführungen eigener Dramen wie auch der Werke anderer Autoren mit, und er erstellt Bühnenfassungen zahlreicher Stücke, darunter

Umzug nach Weimar

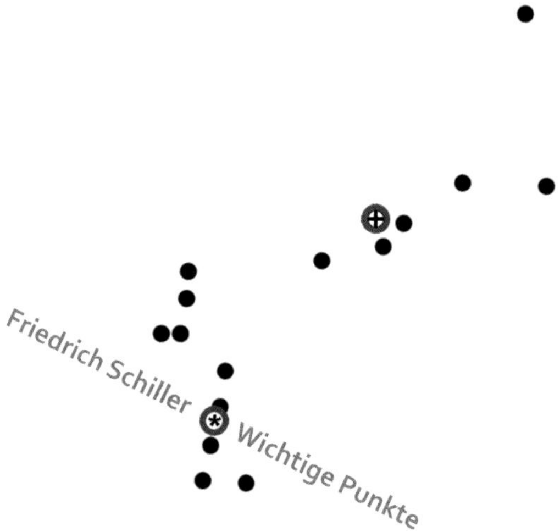

Friedrich Schiller

Wichtige Punkte

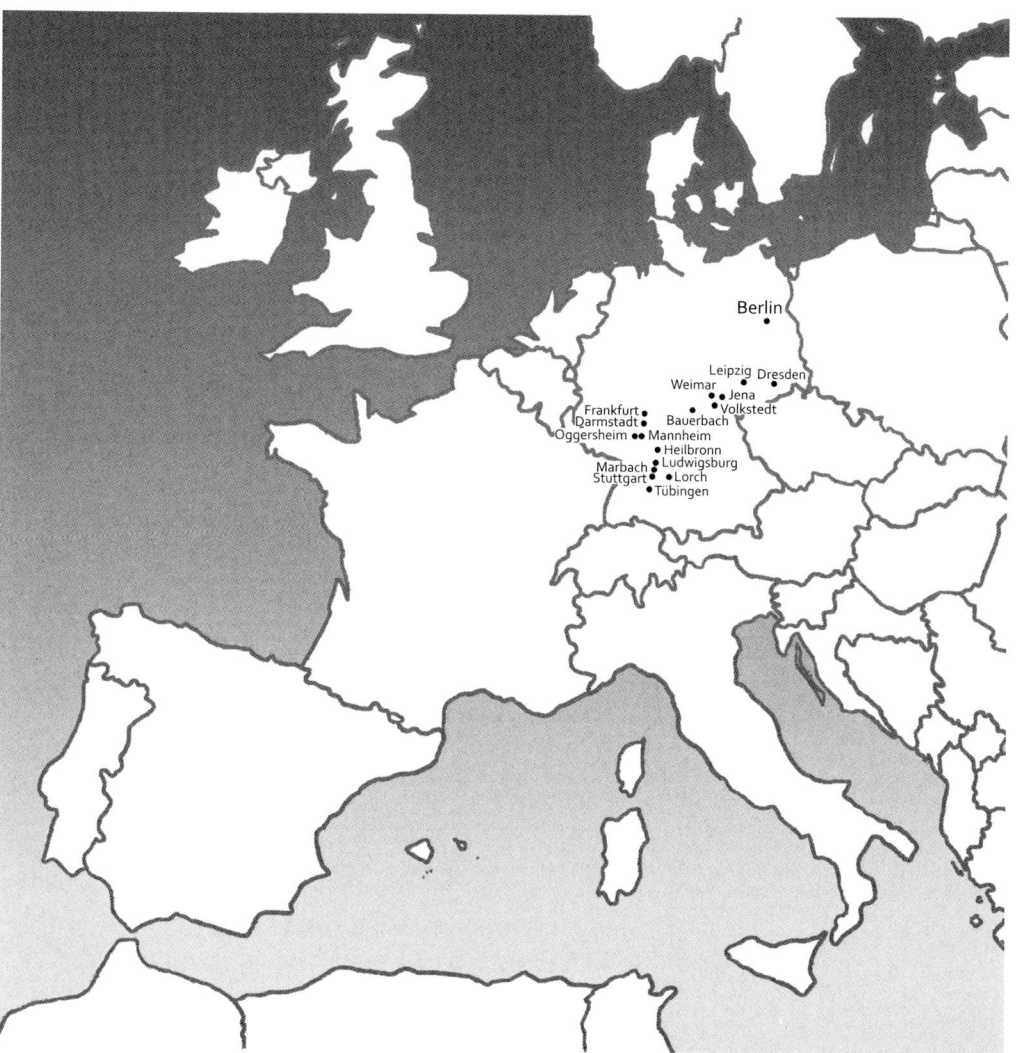

Berlin

Leipzig Dresden
Weimar Jena
Frankfurt Volkstedt
Darmstadt Bauerbach
Oggersheim Mannheim
Heilbronn
Ludwigsburg
Marbach Lorch
Stuttgart
Tübingen

Arbeiten Shakespeares und Voltaires, Lessings *Nathan der Weise* und Goethes *Iphigenie auf Tauris*.

Henry Winkles: Das Schillerhaus in Weimar, vor 1860

Auch wenn Schiller im Dezember 1804 zur Abzahlung von Hypotheken einen Brillantring verkaufen muss, den er von der russischen Kaiserin geschenkt bekommen hat, so gestalten sich die materiellen Verhältnisse in dieser Zeit insgesamt doch recht zufriedenstellend: Herzog Carl August zahlt Schiller ein festes Gehalt, und aus zahlreichen Veröffentlichungen – darunter einige mit größeren Sammlungen auch seiner früheren Werke – fließen ihm kontinuierlich Honorare zu. Unter diesen Umständen kann Schiller 1802 ein Haus inmitten von Weimar erwerben, nicht weit entfernt vom Domizil Goethes; das Jenaer Gartenhaus wird dafür verkauft.

Im November 1802 erhält Schiller ein von Kaiser Franz II. in Wien unterzeichnetes Adelsdiplom – er firmiert von nun an als Hofrat von Schiller. Der Geehrte macht sich, nach eigenen Worten, persönlich nicht viel aus dieser Auszeichnung, heißt sie aber willkommen im Hinblick auf die gesellschaftlichen Privilegien, die sich damit künftig für seine Familie ergeben. Eine weitere Ehrung mit überaus handfesten, wenn auch nur noch für kurze Zeit wirksamen Folgen ergibt sich aus einer Reise nach Berlin im Jahr 1804. Schiller wird dort nicht nur begeistert vom Theaterpublikum gefeiert, sondern auch von der preußischen Königin im Schloss Charlottenburg empfangen. Als er nach Weimar zurückkehrt, bringt er das Angebot mit, gegen ein ansehnliches Jahresgehalt nach Berlin zu ziehen. Schiller führt daraufhin mit dem Herzog das, was man im universitären Betrieb später Bleibeverhandlungen nennen wird, und als der Herzog sein Jahresgehalt auf 800 Taler verdoppelt, entschließt er sich tatsächlich, Weimar die Treue zu halten. Sein Angebot, dennoch gegen eine beträchtliche Summe jährlich einige Zeit in Berlin zu verbringen, wird dort nicht beantwortet.

Auch weiterhin pflegt Schiller eine Vielzahl persönlicher Kontakte. In Berlin trifft er unter anderem Fichte, mit dem er sich bald nach dem erwähnten Streit wieder versöhnt hat. In Weimar unterhält er sich mehrfach ausführlich mit der kapriziösen französischen Schriftstellerin Madame de Staël (1766–1817), die sich aufgrund ihrer bewegten Vergangenheit eines legendären Rufes erfreut. Es kommt zu Begegnungen mit Prinz Eugen von Württemberg und König Gustav IV. von Schweden. In den letzten Lebensmonaten entsteht eine besonders enge Freundschaft zwischen Schiller und dem Dichter und Übersetzer Johann Heinrich Voß (1751–1826).

Bei all den eindrucksvollen Zeugnissen einer umfassenden und vielfach konstruktiven Kommunikation zwischen Koryphäen verschiedenster Art sollte man sich dennoch bewusst sein, dass Weimar auch ein gesellschaftliches

Weimarer Alltag

Madame de Staël

Prinz Eugen von Württemberg

Gustav IV von Schweden

Terrain darstellt, in dem – wie in vergleichbaren Fällen fast immer – diverse Eifersüchteleien und Intrigen gedeihen. Darüber haben nicht nur spätere Historiker berichtet, sondern auch schon Zeitgenossen, wie der Gymnasialdirektor Karl August Böttiger. Wegen eines von Herder angestrebten Adelsdiploms beispielsweise kommt es zu etlichen Hinterhältigkeiten, und die letzten Lebensjahre verbringt diese einstige Weimarer Lichtgestalt in Verbitterung und Zurückgezogenheit. Auch Intimeres wird zum Gegenstand von Klatsch und Tratsch, etwa Goethes lang anhaltende Liaison mit Christiane Vulpius (1765–1816), die erst nach Schillers Tod in eine Ehe münden wird. Ein reines Paradies der Seligen also findet Schiller in Weimar gewiss nicht vor, allem intellektuellen und ästhetischen Glanz zum Trotz.

Die Chronik auch der letzten Lebensjahre verzeichnet häufig wiederkehrende, teilweise extrem schmerzhafte körperliche Leiden, vom Krampfhusten bis zu schlimmer Verstopfung. Am 25. April 1805 schreibt Schiller letztmals Briefe an Goethe und Körner. Am 1. Mai begegnet er noch einmal Goethe: auf dem Weg zum Theater. Am 9. Mai 1805 stirbt Friedrich Schiller an einer Lungenentzündung. Die einen Tag später erfolgende Obduktion stellt eine Vielzahl von Schäden an den inneren Organen fest – die Ärzte wundern sich, dass er überhaupt so lange gelebt hat.

SCHILLER

SCHILLER'S STERBEZIMMER IN WEIMAR

DENN ER WAR UNSER !

Ansichtspostkarte mit Schillers Sterbezimmer in Weimar

Karte des Herzogtums Sachsen-Weimar-Eisenach, um 1750

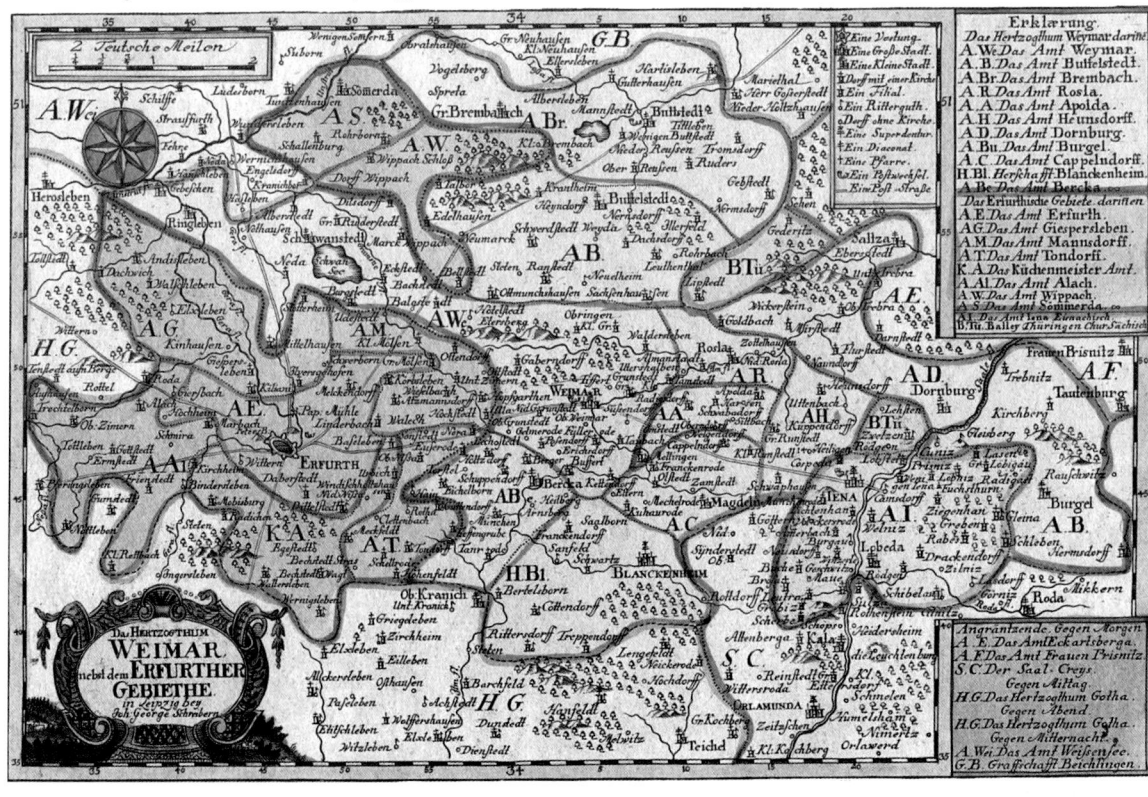

IV. Allgemeine Voraussetzungen und Merkmale des literarischen Werks

Wenn man eine Verbindung herstellen will zwischen der Lebensgeschichte Schillers und den Besonderheiten seines literarischen Werks, so muss man sich ein paar simple Sachverhalte aus dem gesellschaftlichen Alltag seiner Zeit vor Augen führen. Während es im 21. Jahrhundert zu den selbstverständlichsten Anliegen unseres Kulturkreises gehört, den Menschen zur Mündigkeit und zur individuellen Förderung seiner je besonderen Neigungen und Fähigkeiten zu erziehen, bewegten sich die damaligen Menschen weitestgehend in Bahnen, die ihnen durch die Geburt in ein bestimmtes Milieu, in bestimmte Lebensumstände verbindlich vorgegeben waren. Der Sohn eines Handwerkers beispielsweise wurde in der Regel wieder Handwerker und heiratete die Tochter eines anderen Handwerkers; auch der Adelige blieb ganz und gar auf die eigenen Kreise fixiert, und er nahm die Angehörigen anderer Stände nur als Dienstboten und Untertanen wahr. Eine auch nur halbwegs intensive ständeübergreifende Kommunikation war verpönt. Strenge, zum Teil schichtenspezifisch ausgeprägte Überlegungen von dem, was gut und richtig sei, bestimmten bis in zahlreiche Einzelheiten die Vorstellungen davon, wie man sich zu verhalten habe. Weit verbreitete Orientierungen gemäß den Vorgaben der Religion und der Kirchen einerseits und die strengen hierarchischen Konstellationen

Die Gesellschaft im
18. Jahrhundert

43

des Absolutismus andererseits bildeten den übergeordneten großen Rahmen für die rigide Regulierung des Alltagslebens. Wenn man heute entdeckt, dass die soziale Herkunft junger Menschen immer noch in hohem Maße über ihre Bildungschancen und letztlich ihre gesamten Zukunftsperspektiven entscheidet, dann hält man das für einen Missstand; damals war es eine allgemein akzeptierte Selbstverständlichkeit.

Karikatur zur Situation des Dritten Standes, 1789

Friedrich Schiller hat die Macht solcher kollektiven Umstände immer wieder persönlich erfahren. Sie zeigte sich unmittelbar in der jahrelangen Abhängigkeit von seinem Landesfürsten und in der Not, in die er geriet, wenn er sich gegen dessen Maßnahmen aufzulehnen wagte. Sie zeigte sich indirekt aber auch später, als er ein bekannter und angesehener Schriftsteller geworden war und dennoch lebenslang gezwungen blieb, um die Gunst derer zu kämpfen, die in der gesellschaftlichen Hierarchie über ihm rangierten; es gibt Sammlungen der Bitt- und Bettelbriefe, in denen er reiche Gönner und mächtige Herren darum bat und manchmal geradezu untertänigst anflehte, ihn zu unterstützen.

Das Abenteuer der Freiheit

Dass diese Probleme überhaupt entstanden, verweist aber darauf, dass Schiller sich mit den allgemein dominanten Umständen eben nicht abgefunden hat. Er war frühzeitig darauf aus, eigene Wege zu gehen, persönlichen Neigungen und Dispositionen zu folgen. Wenn er sich dabei mal in diese, mal in jene Richtung bewegte, so ist das weniger ein Zeichen elementarer persönlicher Unsicherheit als ein Indiz für die objektiven Schwierigkeiten, die sich einer individuell bestimmten Lebensführung damals entgegenstellten. Dass es vielen seiner schreibenden Kollegen ähnlich erging und manche das Schicksal gewiss

Schiller besucht den inhaftierten Schubart, Stich aus der *Gartenlaube*, 1866

noch härter traf als ihn – man kann da an den erwähnten Häftling Schubart oder an den in schwere psychische Leiden versinkenden Stürmer und Dränger Jakob Michael Reinhold Lenz denken –, ist eine Beobachtung, die diesen Befund unterstützt. Um es mit einem Zitat ein wenig pathetisch, aber doch treffend zu formulieren: »Das Abenteuer der Freiheit war Schillers Leidenschaft [...] es kommt darauf an, etwas aus dem zu machen, wozu man gemacht wurde« (Safranski 2010, S. 12). Noch einmal anders gesagt, anders auch, als Schiller selbst es hätte sagen können: Ihm ging es darum, in einem – gemessen an den Zeitumständen – radikalen Sinne »Ich!« zu sagen und ein entschieden individuelles Ich zu sein.

Nun ist diese oppositionelle Haltung Schillers freilich nichts, das nur ihn ausgezeichnet hätte. Bekanntlich ist das 18. Jahrhundert die Epoche der Aufklärung, und die Aufklärung – als eine geistige Bewegung, deren Bedeutung für die neuere Geschichte kaum hoch genug eingeschätzt werden kann – bestimmt sich generell durch die Absicht, das Althergebrachte nicht einfach zu akzeptieren und weiter zu tradieren, sondern es der kritischen Prüfung zu unterziehen und dann gegebenenfalls Neues in die Wege zu leiten. Angesichts ihrer großen zeitlichen Ausdehnung und ihrer Internationalität ist es nicht erstaunlich, dass sie dabei die unterschiedlichsten Ausprägungen aufwies; die Bereitstellung enzyklopädisch-umfangreichen Wissens gehört genauso dazu wie die eifrige Pflege einer entschieden didaktischen literarischen Gattung wie der Fabel, und die Französische Revolution darf man ebenso im Zusammenhang mit der Aufklärung deuten wie die Versuche von Theologen, Inhalte der Bibel und Einsichten der Naturwissenschaften in ein harmonisches Verhältnis zueinander zu bringen. Über die deutschen Territorien lässt sich pauschal sagen, dass die frühen Phasen der dortigen Aufklärung vor allem darauf gerichtet sind, allgemeine Weisheiten und Regeln zu finden, die das menschliche Miteinander auf befriedigendere Weise als bisher bestimmen können; später

Aufklärung

geht es dann eher um eine individuellere, das heißt eher den Einzelnen und das je Besondere in den Mittelpunkt rückende Betrachtung. Das berühmte Wort Immanuel Kants (1724–1804), bei der Aufklärung handle es sich um den Ausgang des Menschen aus der selbstverschuldeten Unmündigkeit, bindet viele dieser Aspekte zusammen.

Johann Christoph Gottsched: Versuch einer Critischen Dichtkunst, Titelblatt und Frontispiz der vierten Auflage, 1751

In der Literatur und in den Diskussionen um die Literatur findet die allgemeine Entwicklung einen Widerhall. Die poetologischen Abhandlungen aus der ersten Jahrhunderthälfte erweisen sich durchweg als Bemühungen, literarische Gesetzmäßigkeiten rational zu ergründen und zu fixieren. Die wirkungsmächtigste normative Poetik, der *Versuch einer Critischen Dichtkunst* von Johann Christoph Gottsched (1730), ist ein mehrere hundert Seiten starkes, paragraphenartig aufgeteiltes Werk zu allen möglichen Phänomenen im Zusammenhang mit der Literatur, von Geschmacksfragen bis zur detaillierten Untersuchung diverser Gattungen. Es dekretiert jeweils, was von dieser und jener Sache generell zu halten ist, und es legt zudem unmissverständlich fest, wie ein Dichter vorgehen muss, um auf einem bestimmten Gebiet etwas Gutes zu leisten, wobei Gottscheds strenge Ausführungen zu den Merkmalen der Tragödie am bekanntesten werden. Um die Mitte des Jahrhunderts erlischt jedoch die Ausstrahlungskraft dieser Schrift, und mit dem Sturm und Drang der 1770er-Jahre setzt sich endgültig ein anderes Verständnis von literarischer Tätigkeit durch. Es setzt auf die individuelle Kreativität des Dichters und hat nur noch Hohn und Spott etwa für die Vorstellung übrig, der ernste Dramatiker müsse sich unbedingt an die seit Langem etablierten drei Einheiten der Zeit, des Ortes und der Handlung halten. An die Stelle des generalisierenden, das Ganze und Allgemeine rational erfassenden Gesetzes rückt der Sturm und Drang das Ideal der individuell bestimmten Leistung: Man muss so schreiben, wie es den eigenen Intentionen und Fähigkeiten entspricht und dem Gegenstand zuträglich ist.

Aber es geht nicht nur um die Tätigkeit der Dichter als solche, sondern auch um die Inhalte ihrer Arbeiten. Viele literarische Erzeugnisse der ersten Jahrhunderthälfte vermitteln pauschale Lebensweisheiten, moralische Lehrsätze und präsentieren Figuren, die im guten wie im schlechten Sinne vorbildlich sind. An den Werken eines Christian Fürchtegott Gellert (1715–1769), etwa an seinem Roman *Leben der schwedischen Gräfin* (1747/48), kann man dies ebenso eindrucksvoll beobachten wie an den damals beliebten Fabeln. Aus heutiger Sicht wirkt da manches so, als wolle diese Phase der Aufklärung nur die eine, oben beschriebene Form der Steuerung des Menschen durch eine andere, sozusagen informelle ersetzen. Die herausragenden jener Werke, die Autoren in den Jugendjahren Friedrich Schillers verfassen, stellen dann aber Gestalten in den Mittelpunkt, die die Macht der Verhältnisse, in denen sie leben, als leidvoll empfinden und mit einiger Energie nach persönlich gefärbten Auswegen suchen. Manchmal spielen ihre Geschichten in der Vergangenheit, wie Goethes Schauspiel *Götz von Berlichingen* (1773), dessen Held mit den historischen Bedrohungen seiner relativen Unabhängigkeit als Ritter zu kämpfen hat, und manchmal in der Ferne, wie in Friedrich Maximilian Klingers Drama *Sturm und Drang* (1776), das Männer zeigt, die in der Teilnahme am amerikanischen Unabhängigkeitskrieg nach Selbstbestätigung suchen. Meistens aber stellen diese Werke Figuren im Hier und Jetzt vor: Werther etwa, den Titelhelden in Goethes erstem Roman *Die Leiden des jungen Werthers* (1774), der an zahllosen Einengungen seines Alltags und dann auch noch unter einer unglücklichen Liebesgeschichte leidet,

Sturm und Drang

C. F. Gellert

F. M. Klinger

J. M. R. Lenz

sowie zahlreiche Protagonisten in den bekanntesten
Dramen von Lenz, *Der Hofmeister* (1774) und *Die
Soldaten* (1776), die es genauso wie die Titelfigur in
Heinrich Leopold Wagners Trauerspiel *Die Kindermörderin* (1776) insbesondere mit den Komplikationen in
ständeübergreifenden erotischen Beziehungen zu tun
bekommen. Ein beliebter Figurentypus dieser Zeit
ist das – anders als heute definierte – Genie: der von
mächtiger Energie angetriebene Protagonist, der sich
nicht fremdem Willen beugen, sondern ganz und gar
dem folgen möchte, was ihm das eigene Herz nahelegt.
Er ist das innerliterarische Pendant zu jenem neuen Dichtertypus, zu dem sich
die Autoren des Sturm und Drang – gelegentlich auch Geniezeit genannt – in
der Abwendung vom regelgläubigen Poeten in der Tradition Gottscheds be-
kennen. Bereits auf der Carlsschule hat Jakob Friedrich Abel seinen Schüler
Friedrich Schiller mit den entsprechenden Überlegungen bekannt gemacht.

Schiller entdeckt also in der Philosophie und Literatur seiner Zeit genug An-
knüpfungspunkte, über die sich seine Suche nach dem eigenen Weg in allgemeine, wenn man so will: fortschrittliche Tendenzen der Zeit einhaken kann.
Die Erfahrungen des Alltagslebens und das, was man seine intellektuelle Bio-
grafie nennen mag, finden so früh zueinander. Dementsprechend kreisen die
herausragenden ersten Werke in ähnlicher Form um Fragen des Umgangs
mit den Grenzen, die dem Einzelnen gesetzt sind, wie es in den Texten des
Sturm und Drang geschieht. Erkennbar wird dies schon an motivischen Verbindungen: Wenn in *Die Räuber* zwei Brüder darunter leiden, dass sie sich in
einer Konkurrenzsituation um den besseren Ruf und speziell um die Gunst
des Vaters befinden, dann ist das ebenso die Wiederholung eines im Sturm
und Drang mehrfach durchgespielten Konflikts wie die ständeübergreifende
Liebesbeziehung, um die es in *Kabale und Liebe* geht.

Peter Paul Rubens: Gefesselter Prometheus, 1611/12

Aber Schiller ist schon deshalb kein prototypischer Autor des Sturm und Drang mehr, weil er einer etwas späteren Zeit angehört: Die repräsentativen Autoren jener Epoche werden um 1750 herum geboren und publizieren ihre zeittypischen Werke zwei bis drei Jahrzehnte später, also in den 1770er-Jahren; bei Schiller verschiebt sich alles um rund ein Jahrzehnt. Dieser Abstand ermöglicht es ihm, eine Tendenz zu forcieren, die sich auch bei den eigentlichen Stürmern und Drängern schon abzeichnet: Bei allem Enthusiasmus in dem Wunsch, der Einzelne möge selbstständig über seinen Lebensweg entscheiden, geben sie sich – entgegen dem Eindruck, den der emotional gefärbte Epochenbegriff suggeriert – keinen Illusionen über die derzeitige Realisierbarkeit dieser Vorstellung hin. In ihren literarischen Werken zeigt sich das insofern, als diese kaum einmal ein optimistisch und freudig stimmendes Ende aufweisen: Goethes Texte über Götz und Werther enden nicht etwa mit Triumphen, sondern mit dem Tod der Protagonisten, und die allgegenwärtige Absicht, eine ständeübergreifende erotische Beziehung in eine Ehe münden zu lassen, scheitert unter immer wieder neuen Umständen regelmäßig. Die wenigen literarischen Figuren des Sturm und Drang, die sich eindrucksvoll durchzusetzen vermögen, wie etwa der griechische Sagenheld Prometheus in Goethes gleichnamigem Gedicht, entstammen durchweg einer Sphäre, die weit entfernt von der Gegenwart der Autoren und ihrer Leser liegt. Hier und heute jedoch ist die Freiheit im angestrebten Sinne nicht erreichbar.

Auch zu den frühen Erfahrungen Schillers gehört es, dass die Grenzen, die dem Bemühen um Selbstbestimmung entgegenwirken, immer wieder machtvoll in Erscheinung treten. So ist es nicht erstaunlich, dass er in den Werken, in denen er an den Sturm und Drang anknüpft, dessen melancholische und

Grenzen der Selbstbestimmung

pessimistische Züge weiter verstärkt: Zwar kämpfen seine Figuren zeitweise mit allergrößter, beeindruckender Energie gegen Verhältnisse an, die sie als einengend empfinden, aber letztlich verlieren sie den Kampf, und das auch noch – wir kommen darauf zurück – in mehrfacher Hinsicht, etwa auch im Hinblick auf die sittliche Legitimation ihres Verhaltens. Die in der Forschung gelegentlich aufflammende Diskussion, ob Werke wie *Die Räuber* und *Kabale und Liebe* in den Sturm und Drang einzuordnen seien oder nicht, lässt sich vielleicht am ehesten mit der Erklärung beenden, dass es sich hierbei zwar um frühe Werke ihres Verfassers, aber um Spätwerke des Sturm und Drang handelt. Spätwerke einer Epoche zeichnen sich oft dadurch aus, dass sie bei aller Wiederverwendung zeittypischer Elemente manches davon verzerren oder eigenwillig ins Extrem treiben.

Skeptischer Aufklärer

Schiller vertritt somit einerseits vehement das Ideal der persönlichen Freiheit, andererseits aber ist er äußerst misstrauisch gegenüber den Möglichkeiten seiner Verwirklichung. Darin macht sich eine grundlegende Skepsis hinsichtlich jener elementaren Axiome, jener als wahr vorausgesetzten Grundannahmen der Aufklärung bemerkbar, die voller Zuversicht auf die generelle Verbesserungsfähigkeit der Spezies Mensch und auf die gleichgerichtete Erziehbarkeit jedes Einzelnen setzen und in diesem Zusammenhang der Literatur eine maßgebliche Funktion zuerkennen. Schiller erweist sich insofern als ein Aufklärer, der zugleich »eine kritische Reflexion über die Aporien und Grenzen der Aufklärung befördert« (Hofmann 2003, S. 23), über ihre Ausweglosigkeiten und Beschränkungen – eine Haltung, die für Aufklärer dieser späten Phase freilich nicht ungewöhnlich ist. Hier zeichnet sich bereits eine freilich höchst komplizierte Entwicklung ab, die anderthalb Jahrhunderte später zu einem philosophischen Meilenstein namens *Dialektik der Aufklärung* führen wird, einem Buch von

Execution de Robespierre et de ses Comp...

Max Horkheimer und Theodor W. Adorno, das ausdrücklich nach der Verantwortung fragt, welche die Aufklärung für die Schattenseiten und Katastrophen der neueren Geschichte trägt.

Unter diesen Vorzeichen löst sich die enge Bindung Schillers an die literarischen Verfahrensweisen des Sturm und Drang denn auch allmählich auf, genauso, wie es im Falle Goethes bereits in der zweiten Hälfte der 1770er-Jahre geschehen ist. Dabei spielt gewiss eine Rolle, dass Schiller die Probleme, auf die er gestoßen ist, auch im Zusammenhang mit seinen Interessen als Historiker studiert. Es ist jedoch ein aktuelles politisches Großereignis, das die Brisanz der Freiheitsproblematik geradezu schockhaft vor Augen führt und Schillers literarische Neuorientierung maßgeblich vorantreibt.

Hinrichtung Robespierres' und seiner Anhänger, 1794

Dieses Großereignis ist die Französische Revolution. Das Echo, das sie bei den intellektuell und literarisch engagierten Zeitgenossen hervorruft, kann kaum überschätzt werden. Man hat sogar die These vertreten, dass mehr oder weniger alle nennenswerten literarischen Erzeugnisse des deutschsprachigen Raumes, die in den Jahren der Revolution entstanden sind, auch als eine zumindest indirekte Reaktion auf sie verstanden werden können. Eine ideal geglückte Revolution hätte in den Augen derjenigen, die wie der Aufklärer Schiller über die Selbstbestimmung des Menschen dachten, die Verwirklichung ihrer kühnsten Ambitionen bedeutet, und vielleicht sah es kurzzeitig so aus, als könne sie gelingen. Umso enttäuschender war die Entwicklung, als die Guillotine zum Lieblingsinstrument der Revolution avancierte – Ende 1792 trug Schiller, der die Ereignisse sehr genau verfolgte, sich mit dem Gedanken, selbst nach Paris zu reisen, um der drohenden Hinrichtung des französischen Königs entgegenzuwirken. Wenn ein historischer Einschnitt, der die grandiose Erfüllung aller Träume von Freiheit zu verspre-

Französische Revolution

51

chen scheint, nach kurzer Zeit in die Herrschaft des Terrors mündet, dann fällt daraus ein gewaltiger Schatten auf das Bild, das sich von potenziellen Befreiern und Befreiten ergibt. Entsprechend wird in dem Maße, in dem man die Revolution als praktische Konsequenz aufklärerischer Intentionen begreift, die Aufklärung selbst fragwürdig und in Verbindung damit die Rolle, die sie der Kunst und Literatur zugedacht hat. Offenbar hat die Literatur der vergangenen Jahrzehnte ihre Aufgabe nicht erfüllt, die verantwortungsvolle Gestaltung einer besseren Welt hinreichend vorzubereiten. Für Schiller erscheint es daher immer wichtiger, ein neues Verständnis seiner literarischen Tätigkeit zu entwerfen, und in enger Zusammenarbeit mit Goethe entwickelt er, was man die Ästhetik der Weimarer Klassik nennen wird.

Autonomie der Kunst Diese Ästhetik setzt vorrangig auf die Autonomie der Kunst und in Verbindung damit auf die ästhetische Erziehung des Menschen. Unter Autonomie versteht Schiller – Zeugnisse dazu gibt es schon aus den späten 1780er-Jahren –, dass das Kunstwerk keinen anderen Maßstäben als denen der eigenen Schönheit, der größtmöglichen Ausprägung künstlerischer Qualität verpflichtet sein darf; der Vorstellung, es müsse unmittelbar didaktischen oder sonstigen nicht künstlerischen Zielen dienen und in erster Linie etwa alltagstaugliche Weisheiten und moralische Lehrsätze vermitteln, wird strikt widersprochen. Aber Schiller hegt zugleich die Vorstellung, dass literarische Werke dieser Art mittelbar dann doch eine äußerst konstruktive Wirkung entfalten können: Ihre Rezipienten werden sich dank der Begegnung mit ihnen so verändern, dass sie auch außerhalb dieses Bereichs zu anderen, besseren Menschen werden – und das wiederum stellt die Voraussetzung für jene Verbesserung der allgemeinen Lebensverhältnisse dar, die durch die Französische Revolution verfehlt wurde. Große Kunst, so erwartet es Schiller, macht den Menschen feiner, aufmerksamer, empfindungsreicher, und davon werden die gesellschaftlichen Verhältnisse letztlich profitieren: »In der ästhetischen Welt feiert die Freiheit ihr Fest« (Safranski 2010, S. 361) und mit ihrer Hilfe auch die übrige Welt. Es geht darum, den Leser eines literarischen Werkes mit der überwältigenden Kraft literarischer Schönheit zu imprägnieren, damit er seinerseits zur Veränderung der Welt im edelsten Sinne fähig wird. Dem Dichter obliegt es, sich ganz auf die Erarbeitung entsprechend vollkommener Kunstwerke zu konzentrieren – die wunderbaren Wirkungen werden sich dann mehr oder weniger zwangsläufig einstellen.

Man kann dieses Konzept unter den verschiedensten Aspekten kommentieren. Es schließt keineswegs aus, dass man auch weiterhin ältere literarische Werke würdigt, die anderen Vorstellungen von den Aufgaben der Kunst folgen. Die späten Dramen Lessings etwa mögen immer noch schätzenswert erscheinen, aber sie tun das unter der neuen Prämisse in erster Linie nicht mehr, weil sie – wie *Emilia Galotti* – das Mitleid des Zuschauers mit den Figuren wecken wollen oder – wie *Nathan der Weise* – zur Toleranz zwischen den großen Religionsgemeinschaften aufrufen. Vielmehr ist der Grund darin zu sehen, dass es sich bei ihnen um hervorragend gelungene künstlerische Gebilde handelt. Auf einer ganz anderen Ebene liegt es, dass Goethe und Schiller mit dem Entwurf eines derart anspruchsvollen ästhetischen Konzepts auch Literaturpolitik im eigenen Interesse betreiben: In diesen Jahren blüht die an ein Massenpublikum adressierte Trivialliteratur mächtig auf, die der Unterhaltung im schlichtesten Sinne dient, und da wollen Autoren vom Schlage der Weimarer Koryphäen ihr eigenes Feld deutlich markieren und ihre Größe ins rechte Licht rücken.

Allerdings hat man der Weimarer Ästhetik immer wieder vorgehalten, sie sei realitätsfern, elitär und selbstverliebt. Aus der Sicht heutiger Betrachter, die im Zeichen der Postmoderne längst alle Vorstellungen vom großen Wirkungspotenzial der Kunst preisgegeben haben, wirkt das Konzept in der Tat illusionär und vielleicht auf geradezu rührende Weise naiv. Man kann, wenn man selbst dem Wunsch nach einer größeren Rolle der Kunst in der Gesellschaft anhängt, das Ganze allerdings auch andersherum sehen und die Weimarer Dichter um den grenzenlosen Optimismus beneiden, den sie an ihre literarische Tätigkeit knüpfen.

Realitätsferne

Theobald von Oer: Weimarer Musenhof, 1860

Im Übrigen muss man sich, wenn man über die Schwergewichtigkeit dieser Reflexionen staunt, zwei Dinge bewusst machen. Zunächst einmal gilt, dass der Diskurs über derartige Themen wie auch die Erzeugnisse der Literatur selbst zur damaligen Zeit von vornherein einen deutlich höheren Stellenwert besaßen als heute, da die Konkurrenz durch die vielen neuen Medien, die in unserem Alltag wirken, die Literatur zu marginalisieren droht. Zudem spricht einiges für die These, dass man auch deshalb so ambitioniert über hochambitionierte Literatur sprach, weil der Absolutismus ein ähnlich engagiertes und ehrgeiziges Sprechen über brisante politische und gesellschaftliche Themen nicht erlaubte. Dem ästhetischen Bereich wuchs insofern hohe Bedeutung zu, als über andere Dinge nicht ernsthaft verhandelt werden durfte. Vor diesem doppelten historischen Hintergrund erscheint es eher nachvollziehbar, dass ein Autor wie Schiller der Literatur einen so grandiosen Status verleihen wollte und dass er zudem immer wieder – weit über die skizzierten Aspekte hinaus – diverse einzelne Elemente des ästhetischen Feldes mit ausführlichen Reflexionen bedachte: Anmut und Würde, naive und sentimentalische Dichtung, das Pathetische und das Erhabene wurden zum Gegenstand umfangreicher Abhandlungen.

Der besonders häufig gegen die Weimarer Ästhetik gerichtete Vorwurf lautet indes, mit ihr entbinde sich die Literatur von jeglicher Verantwortung für Politik und Gesellschaft, letztlich für die empirische Realität überhaupt, und flüchte in ein isoliertes Reich des Schönen. Dagegen ist festzuhalten, dass dieser Einwand die Hoffnungen und Erwartungen ignoriert, welche die Autoren dann eben doch an die Wirkung des Schönen knüpfen. So erklärt Schiller zwar in der Ankündigung der *Horen* (1794), sie würden den aktuellen »politischen Tumult«, den »*jetzigen* Weltlauf« und »die *nächsten* Erwartungen der Menschheit« ignorieren. Dann aber fügt er geradezu beschwörend hinzu, dass doch vom »stillen Bau beßrer Begriffe, reinerer Grundsätze und edlerer Sitten […] zuletzt alle wahre Verbesserung des gesellschaftlichen Zustands abhängt« (X, S. 92 f.). Im Hintergrund steht gewiss wieder der Gedanke an die Fehlentwicklungen in der Französischen Revolution. Hier wird einmal mehr deutlich, was die nur auf den ersten Blick gesellschaftsferne Autonomieästhetik auch ist: »eine solche, die auf einen Akt staatlichen Tötens antwortet« (Müller-Seidel 2009, S. 11).

Architektonische Struktur

Ein weiterer wichtiger Grundgedanke dieser Literaturkonzeption liegt darin, eine kompositorische Grundregel für das überzeugend gelungene Werk festzuschreiben: Die Weimarer Klassiker fordern den architektonischen Zusammenhang aller Einzelteile eines Kunstwerks im übergeordneten Ganzen. Jedes einzelne Element, jedes Teilstück eines Textes gehört in dieser Sicht unverrückbar an einen ganz bestimmten Platz; nur da kann es seine Funktion ganz und gar erfüllen, nur auf diese Weise entsteht die zwingende Kohärenz, die für große Kunst konstitutiv ist. Im zweiundzwanzigsten seiner Briefe *Über die ästhetische Erziehung des Menschen* (1795) nennt Schiller denjenigen einen »Meister«, der »das einzelne […] mit unendlicher Kunst in der Harmonie des Ganzen verschwinden machte« (VIII, S. 379). Es geht für den Dichter also darum, nicht auf die separate Ausstrahlungskraft einzelner Textpassagen, beliebig wechselnde affektive Reize oder ähnliche Details zu setzen, sondern eine Gesamtkomposition zu schaffen, die als Ganzes wirkt bzw. deren Teile deshalb zur Geltung kommen, weil sie sich nur an dieser Stelle passend in das Ganze einfügen. Wenn wir beispielsweise im dritten Akt eines Dramas eine Handlungssequenz finden, die wir uns genauso gut im zweiten oder vierten vorstellen können, oder wenn die Entwicklung eines Leitmotivs nicht konsequent, sondern beliebig anmutet, dann liegt ein künstlerischer Missgriff vor. Man kann sich dieses zunächst vielleicht sehr abstrakt klingende Postulat mithilfe eines benachbarten andersartigen Falles erklären: Was Goethe und Schiller erwarten, ist – wenn man ein Auge zudrückt – im Großen und Ganzen dasselbe wie die Vorstellung eines Lehrers, der Schüler möge in seinem Aufsatz nicht nur gute Gedanken vorlegen, sondern sie auch noch in eine optimale, schlüssige Ordnung bringen.

Trotz der Energie, die Schiller auf die Entwicklung seiner ästhetischen Entwürfe verwandt hat, darf man nicht den Fehler begehen, seine literarischen Werke ganz und gar an ihnen zu messen. Diese Überlegung könnte man auf viele andere Schriftsteller übertragen, bei denen Theorie und Praxis auseinanderklaffen. Sie gilt schon deshalb, weil Schillers Gedanken sich keineswegs so zielstrebig in eine Richtung entwickeln, wie es bei der vorliegenden knappen Zusammenfassung scheinen mag. Bei genauerer Prüfung seiner philosophisch-ästhetischen Texte wird man immer wieder Äußerungen finden, die nach früheren Bemerkungen zu demselben Sachverhalt keineswegs zu erwarten waren. Vor allem aber ist zu beobachten, dass sich der literarische Praktiker Schiller von dem Theoretiker Schiller keine Zügel anlegen lässt. Manche Balladen Schillers beispielsweise vermitteln in der Tradition vorheriger Aufklärungsliteratur pointiert didaktische Inhalte zu einem Zeitpunkt, als dies von der Theorie längst nicht mehr vorgesehen ist. Auch fügt sich ein spätes Drama wie *Wilhelm Tell* keineswegs uneingeschränkt dem Ideal der architektonischen Struktur, wenn es mit bewegenden Szenen wie jener, in der ein Vater auf den eigenen Sohn schießen muss, den Reiz kurzfristiger Spannung mobilisiert. Keineswegs verhält es sich hier so, dass – wie Schiller in einer radikalen Konsequenz des Gedankens von der architektonischen Struktur wiederum im zweiundzwanzigsten Brief zur ästhetischen Erziehung formuliert –, der »*Stoff durch die Form vertilgt (wird)*« (VIII, S. 378) – wahrscheinlich zum Glück für den Leser.

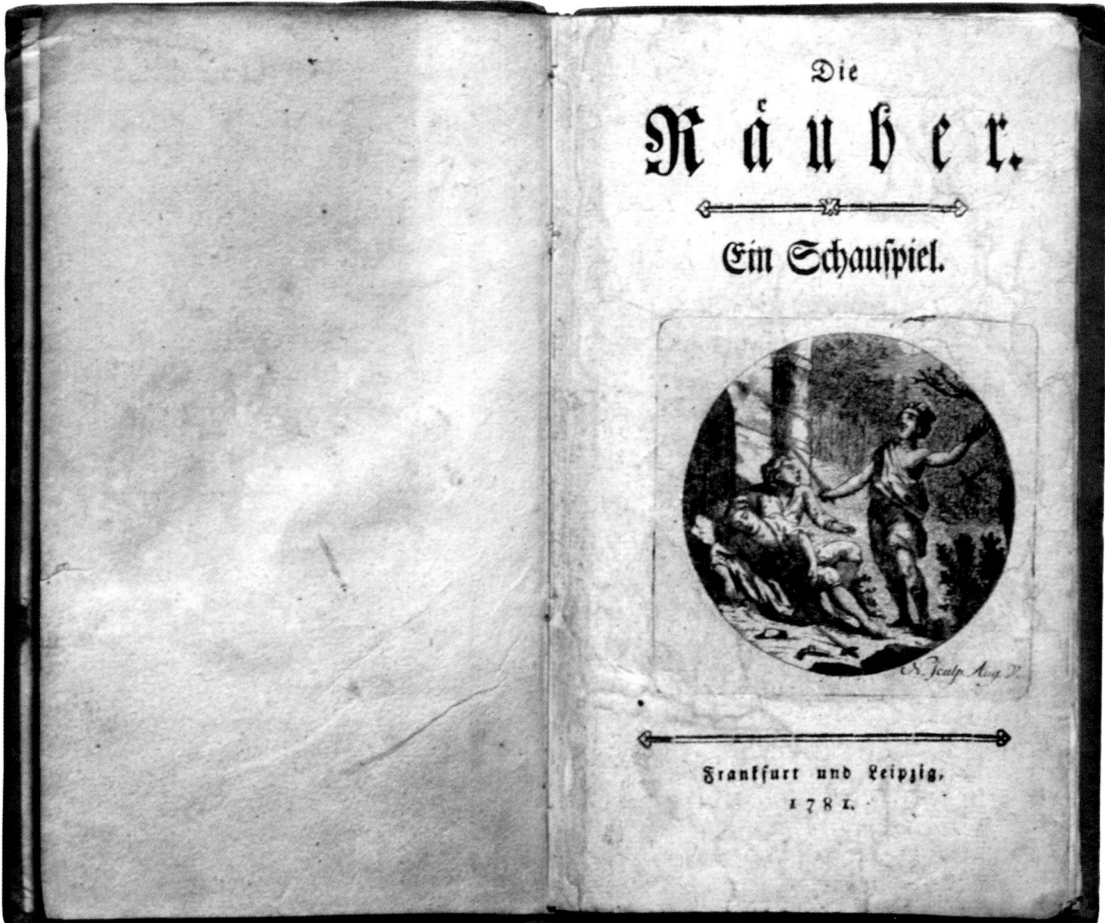

Die
Räuber.

Ein Schauspiel.

Frankfurt und Leipzig.
1781.

Titelblatt der Erstausgabe der *Räuber*

V. Ausgewählte Dramen

1. Die Räuber

Schiller begann mit der Arbeit an den *Räubern* in der zweiten Hälfte der 1770er-Jahre, also während seiner Zeit an der Carlsschule. Ende 1780 war die Niederschrift abgeschlossen, 1781 erschien das fünfaktige, in Prosa verfasste Werk anonym im Selbstverlag. Bereits 1782 wurde eine geringfügig abweichende zweite Fassung veröffentlicht, die nun auch Schillers Namen trug; die darin zu findende Titelvignette mit einem Löwen und der Unterschrift »in Tirannos«, die den politischen Gehalt des Stückes akzentuiert, ist allerdings ohne seinen Willen angebracht worden. Während diese beiden Versionen als *Ein Schauspiel* firmierten, erhielt die für die Mannheimer Uraufführung (1782) erarbeitete Fassung, auf die der Intendant Dalberg erheblichen Einfluss nahm, die Bezeichnung *Ein Trauerspiel*. Der Text ist hier erheblich gekürzt, und die Handlung wird aus der Gegenwart ins Spätmittelalter verlegt, was die Brisanz des Inhalts deutlich vermindert.

Löwenvignette, 1782

Im Zentrum des Geschehens stehen die beiden Söhne des Grafen Maximilian von Moor. Karl, der Erstgeborene, ist von seinem Vater offenbar immer bevorzugt worden, eine Konstellation, unter der sein jüngerer Bruder Franz auf aggressive Weise leidet. Franz nutzt die längerfristige Abwesenheit Karls, um mithilfe von manipulierten brieflichen Informationen eine Intrige zu spinnen, die Karl und den Vater entzweit: Diesem wird der Eindruck vermittelt, Karl führe ein außerordentlich liederliches Leben, und Karl, der während seines Studiums tatsächlich die eine oder andere Torheit begangen hat, wähnt sich vom Vater verstoßen. In seiner großen Enttäuschung gründet Karl spontan eine Räuberbande mit dem Ziel, aus dieser Position des radikalen Außenseiters gegen die Ungerechtigkeit der Welt zu Felde zu ziehen. Viele heutige Leser wird das Motiv vom edlen Räuber, der gegen unerträgliche Verhältnisse und bösartige Autoritäten kämpft, an Robin Hood denken lassen. Franz verfolgt unterdessen seine Pläne weiter, indem er – ohne Erfolg – Amalia von Edelreich nachstellt, Karls Braut, und seinem Vater die falsche Nachricht zukommen lässt, Karl sei gestorben. In Reaktion darauf trifft den Vater der Schlag, aber er stirbt nicht daran. Nachdem die Räuberbande eine Zeitlang ihr Unwesen getrieben hat – zu ihren Opfern gehören nicht nur einige Reiche und Mächtige, wie es Karls ursprünglichem Willen entspricht, sondern auch weniger Privilegierte, wie Nonnen, die Opfer einer kollektiven Vergewaltigung werden –,

W. Hensel: Ludwig Devrient
als Franz Moor, um 1809

folgt sie ihrem Anführer in dessen Heimat. Hier stößt Karl durch einen Zufall auf den Vater, den Franz zum Hungertod im Gewölbe einer Schlossruine verurteilt hat, und erfährt die ganze Wahrheit über die Verbrechen des Bruders. Das Stück endet mit dem Tod der meisten Hauptfiguren: Der alte Graf stirbt, als er in Karl den Anführer von Räubern und Mördern erkennen muss; Franz erdrosselt sich; Karls Braut wird von Karl erstochen, als die Räuber »Amalia für die Bande!«

(II, S. 162) fordern. Auch Karl wird das Ende der dargestellten Handlung wohl nicht lange überleben, denn er sieht ein, wie falsch er sich verhalten hat, stellt sich den Behörden und muss mit seiner Hinrichtung rechnen.

Der Stoff, den Schiller seinen Lesern mit den *Räubern* anbot, erscheint im Kern keineswegs besonders originell. Das Motiv des gewaltsam ausartenden Zwists zweier ungleicher Brüder ist in den 1770er-Jahren häufig behandelt worden, zum Beispiel in den Dramen *Die Zwillinge* von Klinger und *Julius von Tarent* von Johann Anton Leisewitz sowie in Schubarts Erzählung *Zur Geschichte des menschlichen Herzens*; Schiller hat es selbst in *Die Braut von Messina* später noch einmal aufgegriffen. In *Die Räuber* ging sein Ehrgeiz offenbar dahin, die Vorgänger substanziell zu übertreffen, indem er den Streit der Brüder besonders intensiv und komplex gestaltete: Er bemühte sich um eine gründliche psychologische Durchdringung ihrer Charaktere. In langen Monologen und Gesprächen erläutern Karl und Franz die Gründe ihres Verhaltens, lassen dabei allgemein kursierende Denkfiguren erkennbar werden und verbinden sie mit den speziellen Elementen ihres persönlichen Schicksals.

Frontispiz zu Klingers
Die Zwillinge aus dem Jahr 1776

Sichtbar wird, dass es beiden um Selbstbestimmung geht. Franz mag sich mit der Benachteiligung nicht abfinden, unter der er als der zweitgeborene und obendrein noch weniger sympathisch wirkende Bruder zu leiden hat. Entsprechend kämpft er mit allen Mitteln um das Moor'sche Erbe einschließlich der an den Bruder vergebenen Amalia. Karl wiederum denkt in größeren Dimensionen. Da ihn ohnehin schon »vor diesem tintenklecksenden Säkulum«, diesem »schlappe[n] Kastratenjahrhundert« ekelt (II, S. 41f.), fordert er gleich die ganze Welt heraus, als er sich ungerecht behandelt fühlt. Beide personifizieren noch einmal den aus der Literatur des Sturm und Drang bekannten Willen, sich mit der Macht einengender äußerer Umstände keinesfalls abzufinden, sondern ganz und gar eigenem Gusto zu folgen. Insofern sind die

DRAMEN

zwei Brüder geistige Abkömmlinge eines Götz, eines Werther, diverser Dramenfiguren Klingers und in gewissem Sinne auch all jener Protagonisten, die in ständeübergreifenden Liebesbeziehungen den Regeln des Feudalsystems trotzen wollen.

Problematisierung Aber Schiller problematisiert ihr Verhalten in einem Maße, wie es die Autoren der 1770er-Jahre noch nicht getan haben. Mit den allermeisten älteren Figuren dieser Art haben sie gemein, dass sie ihre Ziele nicht erreichen. Zudem handeln beide extrem unmoralisch. Bei dem Verbrecher Franz, der den Bruder vom legitimen Erbe fernhalten, den eigenen Vater ins Grab bringen und die abweisende Amalia gegebenenfalls vergewaltigen will, liegt das offen zutage. Aber auch um Karl steht es nicht besser: Die Gräueltaten seiner Bande, mögen sie auch teilweise gegen seinen Willen geschehen, sind etwas, für das er zumindest Mitverantwortung trägt, und sie fordern sogar erheblich mehr Opfer als die Aktivitäten des Bruders. Karl sieht am Ende selbst ein, dass Menschen wie er den »Bau der sittlichen Welt zugrund richten« (II, S. 164). Erschwerend kommt hinzu, dass Karls Existenz als Räuber letztlich auf seiner Leichtgläubigkeit beruht; wäre er nicht in blindem Vertrauen auf die merkwürdigen, tatsächlich falschen Informationen aus seiner Heimat hereingefallen, hätten sich für ihn ganz andere Zukunftsperspektiven als die des Outlaws ergeben. Der Eindruck drängt sich auf, Schiller zelebriere mit übergroßen Gesten das Selbstbestimmungspathos der 1770er-Jahre auch deshalb, damit er es in der Gesamtbilanz umso gründlicher infrage stellen kann – ein Eindruck, der bestens zu dem Bild vom skeptischen Aufklärer und desillusionierten Stürmer und Dränger passt.

Daniel Chodowiecki: Illustration
zu *Die Räuber*, 1783

Der Autor lässt seine Figuren häufig in einer wild bewegten pathetischen Sprache kommunizieren, für die sich das Ausrufezeichen als das geeignetste Satzzeichen erweist. Viele inhaltliche Passagen passen dazu: Konfliktreiche physische und psychische Auseinandersetzungen werden gezeigt, von furchtbaren Verbrechen ist die Rede, die gewaltsamen Todesfälle auf offener Bühne häufen sich, und auch Schauerliches ist zu bewundern, wenn plötzlich aus einem grausigen Gewölbe im dunklen Wald »ein Alter [steigt], ausgemergelt wie ein Geripper« (II, S. 138). Aber der Text weist auch Züge einer strengen kompositorischen Gestaltung auf, indem er etwa die Handlungsräume des offen rebellierenden Karl Moor systematisch in der freien Natur, diejenigen des Intriganten Franz aber hinter den Schlossmauern fixiert und das allseitige Scheitern im Finale wie zwingend aus der Kollision dieser Schauplätze entwickelt.

August Wilhelm Iffland,
um 1825

Die Buchveröffentlichung der *Räuber* hat nicht sofort die Begeisterung auf sich gezogen, die dem Stück später zuteilwurde. Dafür geriet die Mannheimer Uraufführung zum großen Erfolg; August Wilhelm Iffland, einer der bekanntesten deutschen Schauspieler aller Zeiten, gab den Franz Moor. In einem viel zitierten Augenzeugenbericht heißt es, das Theater habe »einem Irrenhause« geglichen, das Publikum habe geschrien und gestampft, »fremde Menschen fielen einander schluchzend in die Arme. […] Es war eine allgemeine Auflösung wie im Chaos, aus dessen Nebeln eine neue Schöpfung hervorbricht!« (II, S. 839).

2. Die Verschwörung des Fiesko zu Genua

Bereits in der 1780 vorliegenden Dissertation Schillers wird der Name der historischen Gestalt Fiesko kurz erwähnt. Schiller hatte sich also zumindest ansatzweise schon jetzt mit dem Stoff beschäftigt, dem dann sein zweites Drama galt. Als er im September 1782 aus Stuttgart floh, lagen große Teile des Werkes ausgearbeitet vor, und 1783 wurde es erstmals gedruckt. Die Uraufführung fand im Juli 1783 im kurfürstlich-kölnischen Hoftheater in Bonn statt. Ein halbes Jahr später wurde das Stück in Mannheim inszeniert: in einer neuen Fassung, die Schiller im Rahmen seiner vertraglich geregelten Tätigkeit als dortiger Theaterdichter angefertigt hatte.

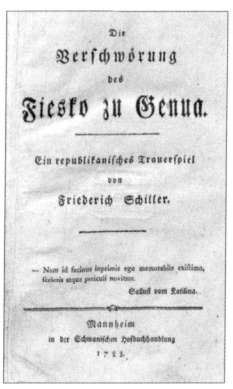

Titelseite der Erstausgabe

Historischer Stoff

Erstmals wandte sich der Autor jetzt einem historischen Stoff zu, ein Verfahren, das er künftig – im Einklang mit verbreiteten Neigungen des zeitgenössischen Publikums – immer wieder praktizieren sollte und das er durch umfangreiche, der Forschung im Einzelnen bekannte Quellenstudien abstützte. Im Mittelpunkt der Handlung stehen Machtkämpfe, die sich einst in der Stadtrepublik Genua abgespielt haben; Schiller gibt als Handlungszeit des im Untertitel *Ein republikanisches Trauerspiel* genannten Stückes das Jahr 1547 an. Die Titelfigur, Graf von Lavagna, führt eine Verschwörung gegen die bestehenden Herrschaftsverhältnisse an, die durch Andreas Doria, den amtierenden Dogen, und seinen Neffen Gianettino, den designierten Nachfolger, repräsentiert werden. Von Gianettino befürchtet man angesichts seiner jetzt schon erkennbaren Skrupellosigkeit, dass er sich nach der Amtsübernahme als ausgeprägter Tyrann erweisen wird. Eine große Zahl höchst unterschiedlich motivierter Personen beteiligt sich an den einschlägigen Aktivitäten, und es entwickelt sich ein Geschehen, das in den

Details selbst bei sorgfältiger Lektüre außerordentlich kompliziert und verwirrend erscheint. Intrigen und Gegenintrigen wechseln einander ab; von einer auch nur halbwegs funktionierenden Kooperation der Verschwörer – wie Schiller sie später im *Wilhelm Tell* schildern wird – ist wenig zu bemerken, da tiefes Misstrauen in ihren Reihen herrscht. Zwar wird schließlich Gianettino von dem Bräutigam einer jungen Frau, die er vergewaltigt hat, getötet, aber am Ende scheitert der Aufstand: Fiesko wird von einem Mitverschwörer, der in ihm mittlerweile nichts anderes als einen neuen künftigen Tyrannen sieht, ins Wasser gestoßen und ertrinkt; der Täter bekennt sich zur Gefolgschaft Andreas Dorias.

Der historische Fiesko ist tatsächlich ertrunken, aber nicht aufgrund eines Mordes, sondern infolge eines Unfalls. In diesem Punkt, wie in vielen anderen, hat sich Schiller nicht verpflichtet gefühlt, den historischen Realitäten zu folgen, in denen er lediglich frei verfügbares Material zu eigener Gestaltung sah. Unter solchen Umständen fällt es nicht schwer, in dem Verfasser des *Fiesko* den der *Räuber* wiederzuentdecken. Hier wie dort agieren emotional zutiefst bewegte Figuren, artikulieren sie sich häufig in einer furiosen, wild

Literarische
Besonderheiten

Gianettino Doria

Andreas Doria

bewegten Sprache und stellen freiwillig wie unfreiwillig spektakuläre Dinge an. Dazu gehört beispielsweise, dass Fiesko versehentlich die eigene Gattin ersticht, da er sie ihrer Kleidung wegen für Gianettino hält. Direkt danach huldigen ihm Anhänger der Verschwörung unter den triumphierenden Klängen einer Musikkapelle, bevor sich der schreckliche Irrtum enthüllt und Fiesko ausgiebig – konkret: über mehrere Druckseiten hinweg – Gelegenheit erhält, diverse Stufen der Reaktion darauf zu produzieren. Dies reicht von »Sinkt durchdonnert zu Boden« über »todesmatt zurückwankend« bis »Mit Schauern zur Leiche gehend« (II, S. 544ff.). Die Anzahl der Auftritte übertrifft nicht nur die der *Räuber*, sondern sogar die von Goethes Schauspiel *Götz von Ber-*

lichingen, das auch in diesem Punkt als prototypisches Werk des Sturm und Drang gilt. Wie Götz und Karl Moor verkörpert Fiesko die herausragende, ganz und gar den spezifischen eigenen Neigungen und Intentionen folgende Persönlichkeit kraftgenialischer Provenienz. Andererseits wird man ihn in dem Maße, in dem man ihn letztlich als Verräter an den republikanischen Idealen deutet – wie es sein Mörder tut –, dem Typus des erhabenen Verbrechers zuschlagen, den auch Karl Moor vertritt.

Kritik

Ob es dem Autor gelungen ist, das alles überzeugend zu gestalten und zu vermitteln, ist nun allerdings eine Frage, in der sich die Kommentatoren des Stückes bei Weitem nicht einig sind. Tatsächlich ist *Die Verschwörung des Fiesko zu Genua* Schillers in künstlerischer Hinsicht umstrittenstes Theaterstück, »ein Stief-, wenn nicht gar Sorgenkind der Forschung« (Roßbach 2005, S. 57). Gelegentlich war zu lesen, dass es vermutlich längst in Vergessenheit geraten wäre, wenn es nicht gerade aus der Feder dieses berühmten Dichters stammte. Ein Zuhörer einer Lesung in Mannheim, bei der Schiller erstmals aus dem *Fiesko* vortrug, soll den Eindruck geäußert haben, der Verfasser habe wohl all seine poetische Kraft mit den *Räubern* erschöpft und könne jetzt nur noch Unsinniges fabrizieren.

Merkwürdige Ereignisse

Gleich zu Beginn des Stückes klagt Fieskos Frau Leonore darüber, dass ihr Mann auf einem Ball, also in aller Öffentlichkeit, »eine stadtkundige Kokette […] vor meinen weinenden Augen« umschwärmt und ihr dabei einen Kuss »auf ihren entblößten Arm« gegeben habe, »daß noch die Spur seiner Zähne im flammroten Fleck zurückblieb« (II, S. 437). Warum tut er das? Und was sind die wahren Motive hinter seiner Beteiligung an der Verschwörung? Ist es ein aufrichtiges Engagement für die republikanische Sache oder doch eher ein egoistisches, von Eitelkeit und persönlichem Ehrgeiz getragenes Erfolgsstreben? Gibt es da eine plausibel vermittelte Entwicklung seiner Gedanken, etwa der Art, dass zunächst das ehrbare Anliegen im Vordergrund steht und sich später die böse Ambition durchsetzt, er könne »Genuas gefährlichster

Tyrann werden« (II, S. 494)? Solche Fragen, die keineswegs rundum überzeugend beantwortet werden, stellen sich nicht nur die Figuren, sondern auch viele Leser und Zuschauer. Der Umstand, dass die anhaltende Uneindeutigkeit im Verhalten Fieskos sich in den höchst widersprüchlichen Motivationen der Mitverschwörer spiegelt, erleichtert das Verständnis nicht gerade: Ihre Interessen klaffen weit auseinander und reichen von finanziellem Kalkül bis zu erotischen Gelüsten. Ein republikanisches Trauerspiel ist dieses Stück also auch insofern, als die republikanischen Absichten von Beginn an höchst unzulänglich ausgeprägt und unklar erscheinen.

Man könnte von der Präsentation einer bunten Vielfalt an Verhaltensweisen und Geschehnissen reden, die es zwar auch schon in den *Räubern* gegeben hat, die dort aber sehr viel übersichtlicher und strenger organisiert ist als hier. Die Überlegung drängt sich auf, der Autor habe die Kontrolle über das eigene Werk verloren und selbst nicht recht gewusst, was letztlich hinter den wirren Bestandteilen der Handlung stecke und worauf das alles hinauslaufe. Möglicherweise kann man eine Verbindung sehen zu der extrem belastenden persönlichen Situation, in der er während der Arbeit am *Fiesko* steckte. Als Indiz für einen derartigen Mangel an Souveränität gilt es, dass Schiller in seiner Bearbeitung für die Mannheimer Bühne den Schluss des Werkes nicht einfach den Erfordernissen der Bühnenpraxis angepasst, sondern kurzerhand ins Gegenteil verkehrt hat: Hier nämlich gelingt der Aufstand, »das Volk« feiert »Fiesko und Freiheit« (II, S. 662), der Republikaner, der in der Erstveröffentlichung den Titelhelden ersticht, lässt ihn jetzt nicht nur leben, sondern stürzt »begeistert in seine Arme«, und Fiesko selbst nennt sich in den letzten gesprochenen Worten des Textes Genuas »glücklichsten Bürger« (II, S. 663). Bei einem Autor, der seine Plots sonst immer sehr zielbewusst im Hinblick auf einen pointierten Ausgang entwickelt, mutet eine solch radikale Bearbeitung innerhalb kürzester Zeit – vom Trauerspielschluss zum Happy End – höchst

Strukturelle Wildnis

DRAMEN

merkwürdig an, und es liegt in der Tat nahe, sie im Sinne einer gewissen Ratlosigkeit gegenüber dem eigenen Werk zu verstehen.

Fieskos Emanzipation

Der vergleichende Blick auf *Die Räuber* erschließt allerdings noch einen anderen Aspekt. Schiller hat sich einiges zugutegehalten auf die psychologische Durchdringung der Charaktere im Fall der Brüder Moor. Darin wird man ihm folgen können, aber es ist nicht zu übersehen, dass bei beiden – zumindest aus späterer Sicht – ein relativ schlichtes Schema von Reiz und Reaktion zugrunde liegt, das die Darstellung erleichterte: Karl und Franz antworten auf wirkliche oder vermeintliche Frustrationen in ihrem Leben mit unterschiedlichen Formen von Aggression. Eine ähnlich einfache Grundierung des Verhaltens fehlt im Falle des Fiesko: Seine Charakterisierung ist von vornherein weit weniger unmissverständlich angelegt und fällt demgemäß weit verwirrender aus. Das mit ungewöhnlich umfangreichen Erläuterungen gespickte Personenver-

Perſonen des Stüks.

1. **Andreas Doria.** Doge von Genua. Ehrwürdiger Greis von 80 Jahren. Spuren von Feuer. Ein Hauptzug: Gewicht und strenge befehlende Kürze.

2. **Gianettino Doria.** Neffe des Vorigen. Prätendent. Mann von 26 Jahren. Rauh und anſtößig in Sprache, Gang und Manieren. Bäuriſchſtolz. Die Bildung zerriſſen.
   Beide Doria tragen Scharlach.

3. **Fiesko Graf von Lavagna.** Haupt der Verſchwörung. Junger ſchlanker blühendſchöner Mann von 23 Jahren — ſtolz mit Anſtand — freundlich mit Majeſtät — höfiſchgeſchmeidig, und eben ſo tükiſch.
   Alle Nobili gehen ſchwarz. Die Tracht iſt durchaus altteutſch.

4. **Verrina.** Verſchworner Republikaner. Mann von 60 Jahren. Schwer, ernſt und düſter. Tiefe Züge.

5. **Bourgognino.** Verſchworner. Jüngling von 20 Jahren. Edel und angenehm. Stolz, raſch und natürlich.

6. **Kalkagno.** Verſchworner. Hagrer Wollüſtling. 30 Jahre. Bildung gefällig und unternehmend.

7. **Sacco.** Verſchworner. Mann von 45 Jahren. Gewöhnlich Menſch.

8. **Lomellino.** Gianettinos Vertrauter. Ein ausgetrockneter Hofmann.

9. **Zenturione.**
10. **Zibo.**   } Misvergnügte.
11. **Aſſerato.**

12. Ro-

zeichnis weist bereits auf diese Besonderheit hin, indem es anführt, Fiesko sei »stolz mit Anstand – freundlich mit Majestät – höfisch-geschmeidig und ebenso tückisch« (II, S. 435) – eine in der schroffen Konfrontation kaum nachvollziehbare Mixtur divergierender Eigenschaften. Der Autor hat hier offenbar

12. Romano. Mahler.
Frey, einfach und stolz.

13. Muley Hassan. Mohr von Tunis.
Ein confiszirter Mohrenkopf. Die Physionomie eine originelle Mischung von Spizbüberey und Laune.

14. Teutscher der Herzoglichen Leibwache.
Ehrliche Einfalt. Handveste Tapferkeit.

15. 16. 17. Drei aufrührerische Bürger.

18. Leonore. Fieskos Gemahlin.
Dame von 18 Jahren. Blaß und schmächtig. Fein und empfindsam. Sehr anziehend aber weniger blendend. Im Gesicht schwärmerische Melancholie. Schwarze Kleidung.

19. Julia Gräfin Wittwe Imperiali. Dorias Schwester. Dame von 25 Jahren. Gros und voll. Stolze Kokette. Schönheit verdorben durch Bizarrerie. Blendend und nicht gefallend. Im Gesicht ein böser moquanter Karakter. Schwarze Kleidung.

20. Bertha. Verrinas Tochter.
Unschuldiges Mädchen.

21. 22. Rosa. Arabella. Leonorens Kammermädchen.

Mehrere Nobili. Bürger. Teutsche. Soldaten. Bediente. Diebe. — Der Schauplaz Genua. Die Zeit 1547.

eine literarische Figur schaffen wollen, die sich in ihrem Facettenreichtum endgültig über alle Klischeehaftigkeiten und Schablonisierungen erheben sollte, wie sie so lange die Zeichnung der Dramenfiguren im 18. Jahrhundert beherrscht hatten. Dabei ist sie ihm allerdings partiell entglitten. Anders gesagt: Fiesko entpuppt sich als ein Protagonist, der Eigenständigkeit, Unabhängigkeit und Freiheit selbst gegen seinen Autor und sein Publikum entwickelt und damit eine radikale, aber im Ergebnis auch höchst prekäre Form der Emanzipation betreibt.

Nicht nur die professionelle Literaturkritik und die Fachwissenschaft haben sich mit dieser Konstellation kaum anfreunden können, sondern auch das breite Publikum: *Die Verschwörung des Fiesko zu Genua* gehört seit jeher zu den am wenigsten aufgeführten Dramen ihres Autors. Dazu passt es, dass in den ersten Jahren nach der Veröffentlichung keineswegs der Text Schillers, sondern eine von dem Berliner Karl Martin Plümicke verfasste Bearbeitung am häufigsten gespielt wurde. In Plümickes Version wendet sich Fieskos Schicksal ein weiteres Mal, denn er erringt hier zwar die angestrebte Herzogswürde, tritt sie dann aber an den alten Herrscher Andreas Doria ab und begeht schließlich Selbstmord.

DRAMEN

3. Kabale und Liebe

Die Arbeit an *Kabale und Liebe* fiel in die Zeit nach der spektakulären Flucht Schillers aus Stuttgart und lief teilweise parallel mit der an *Die Verschwörung des Fiesko zu Genua*. Das Stück erschien zur Ostermesse 1784. Lange trug das später unter *Kabale und Liebe* bekannte *bürgerliche Trauerspiel* den Titel *Luise Millerin*; erst unmittelbar vor der Drucklegung wurde es auf Anregung Ifflands umbenannt. Von den vier bekanntesten bürgerlichen Trauerspielen der deutschen Literatur – außer diesem noch Lessings *Miß Sara Sampson* und *Emilia Galotti* aus dem 18. sowie Friedrich Hebbels *Maria Magdalena* aus dem 19. Jahrhundert – ist es somit das einzige, das nicht nach seiner weiblichen Hauptfigur benannt ist.

Gotthold Ephraim Lessing

Friedrich Hebbel

Diese weibliche Hauptfigur Luise, Tochter eines Stadtmusikanten, und Ferdinand, Sohn des Präsidenten von Walter, der am Hof eines deutschen Fürsten eine maßgebliche Rolle spielt, lieben einander und planen eine gemeinsame Zukunft. Beide Väter wehren sich gegen die Verbindung: Miller ist überzeugt davon, dass es sich nur um eine kurzfristige Liaison handelt, die Schande über sein Haus bringen wird, und für den Präsidenten erscheint es völlig unvorstellbar, dass sein Sohn derart unstandesgemäß heiraten könnte. Eine vom Sekretär des Präsidenten – er trägt den sprechenden Namen Wurm – ausgeheckte Intrige, die eine heimliche Liebschaft Luises mit dem Hofmarschall von Kalb vorgaukelt, versetzt Ferdinand in rasende Eifersucht. Sie bewegt ihn dazu, die Geliebte und sich selbst zu vergiften; aber bevor der Tod eintritt, erkennen beide noch die Wahrheit. Öffentlich bekannt wird im Zuge der Ereignisse ferner, dass der Präsident sein Amt einst durch kriminelle Machenschaften erlangt hat; er lässt sich am Ende festnehmen. Unter den Nebenfiguren ragt Lady Milford hervor, die Geliebte des Fürsten, die Ferdinand heiraten soll, damit sich sein gesellschaftlicher Rang weiter verbessert.

Wie mit den verfeindeten Brüdern im Fall der *Räuber*, so hat Schiller auch in *Kabale und Liebe* ein Lieblingsthema des Sturm und Drang wieder aufgegriffen: das der ständeübergreifenden Liebesbeziehung, das etwa in Lenz' *Die Soldaten* und in Heinrich Leopold Wagners *Die Kindermörderin* zu finden ist. Und so wie dort aus den Beziehungen nichts Dauerhaftes wird, so scheitern auch Schillers Figuren. Sie werden damit zum literarischen Beleg dafür, wie starr die Standesunterschiede sind und wie inhuman sie sich für denjenigen auswirken, der die Echtheit persönlichen Empfindens über die Konvention stellen möchte. Die Gesellschaftskritik, die in *Kabale und Liebe* zutage tritt, wirkt unmittelbarer und realitätsnäher als die der *Räuber*, denn das, was Luise und Ferdinand zustößt, verweist gewiss direkter auf zeittypische Missstände, als es die Leiden eines aristokratischen Erbschleichers und die Begründungen für die Exzesse eines Räuberhauptmanns tun. Schiller hat denn auch sowohl Einzelheiten der Handlung als auch einige Figuren in enger Anlehnung an Erfahrungen am Württembergischen Hof gestalten können.

Nach alter, von Gottsched noch einmal festgeschriebener Tradition wurden in Tragödien und Trauerspielen früher nur die gewaltigen Schicksale von Personen allerhöchsten Standes abgehandelt; Personen aus den unteren Schichten billigte man nicht die zur emotionalen Anteilnahme durch das Publikum erforderliche Fallhöhe zu, da sie ohnehin schon dort rangierten, wo große Stürze nicht mehr möglich waren. Das bürgerliche Trauerspiel aber brachte nun auch eher begrenzte Konflikte aus dem privaten Bereich und Figuren bürgerlicher Herkunft auf die Bühne und gab ihnen damit eine Würde, die sie in der Literatur vorher nicht besessen hatten. Schon Lessing hatte in *Emilia Galotti* diese

DRAMEN

Neuakzentuierung im Rahmen einer Konfrontation zwischen der höfischen Welt und einer deutlich unter ihr platzierten Familie betrieben. Schiller griff diese Konstellation bis in zahlreiche Einzelheiten auf; bei Figuren wie der Lady Milford oder dem um den Ruf der Tochter besorgten Vater sind ebenso Lessing'sche Vorbilder zu erkennen wie in einigen Formulierungen und Handlungssequenzen. Aber Schiller radikalisiert das Ganze auch; insbesondere seine Darstellung der bösartigen Verhaltensweisen am Hof fällt um einiges detaillierter, umfangreicher und schärfer aus als bei Lessing, und während Lessing seine Geschichte in einem kleinen italienischen Fürstentum ansiedelt, lässt Schiller *Kabale und Liebe* in Deutschland spielen.

Zwei Welten

So wie sich in *Die Räuber* die beiden Hauptfiguren auch dadurch deutlich unterscheiden, dass die Domäne des einen der Innenraum des Schlosses und die des anderen die freie Natur ist, so trennt er durch räumliche Vorgaben im späteren Stück die Sphäre des Hofes und die des Bürgers. Da stehen ein »Zimmer beim Musikus« (II, S. 671) und auf der anderen Seite immer wieder ein »Saal« einander gegenüber, und die Konflikte entwickeln sich ganz konkret auch dadurch, dass die Angehörigen des einen Bereichs in den anderen eindringen. Ein simples Schwarz-Weiß-Schema konstruiert Schiller aber auch in diesem Drama so wenig wie vorher. Mag man etwa in Lady Milford nach den ersten Berichten über sie ein Musterbeispiel des hinterhältigsten adeligen Intrigantentums vermuten, so erweist sie sich bei der persönlichen Begegnung als eine human und verständnisvoll handelnde Frau. Erscheint Ferdinand zunächst als aufrichtig Liebender, der mit Umsicht und Willenskraft allen gegnerischen Aktivitäten zu trotzen verspricht, so fällt er schließlich mit unfassbarer Leichtgläubigkeit einer doch recht grobschlächtig angelegten Manipulation zum Opfer, ganz so, als wisse er nicht das Geringste über den wahren Charakter seiner Geliebten. Aber auch Luise, die sich gar zu rasch in die von Wurm ersonnene Intrige verwickeln lässt, handelt überaus naiv. Hier macht sich wie-

der der skeptische Aufklärer Schiller bemerkbar: Die Liebenden, die alles moralische Recht haben, Standesgrenzen zu ignorieren, scheitern nicht nur an den üblen Aktivitäten der Machthaber, sondern auch an eigenen Unzulänglichkeiten; sie sind ihrerseits nicht so weit, wie es für die Durchsetzung ihrer Freiheit und Selbstbestimmung nötig und vielleicht auch möglich wäre.

Stärker noch als in seinem Erstling setzt Schiller auf die Wirkung mitreißender Dialogszenen: Immer wieder kommt es zu intensiven rhetorischen Auseinandersetzungen, und oft führen sie zu einem anderen Ende als dem erwarteten: Ferdinand etwa findet in Lady Milford keineswegs die eigensüchtige Intrigantin, mit der er vor dem Gespräch gerechnet hat. Darüber hinaus verdienen zwei Szenen aufgrund ungewöhnlicher Bestandteile besondere Aufmerksamkeit. In der zweiten Szene des zweiten Akts wird eindringlich über die damals an manchen Fürstenhöfen übliche Praxis des Verkaufs von Landeskindern an Krieg führende ferne Länder berichtet. Die Forschung weist immer wieder darauf hin, dass Schiller hier mit einer für die Literatur seiner Zeit völlig unüblichen Radikalität auf schwere politische Missstände hinweist. Weitaus unauffälliger, aber auf einer anderen Ebene ebenfalls spektakulär erscheint eine Regieanweisung zu Beginn der sechsten Szene des ersten Akts: Hier betritt erstmals der höchst unsympathische Hofmarschall von Kalb – auch er eine Figur mit sprechendem Namen – die Bühne, und dabei produziert er »Gekreisch« und »breitet einen Bisamgeruch über das ganze Parterre« (II, S. 685). Der Autor arbeitet hier also mit einem für die Zeit sehr ungewöhnlichen Illusionsbruch, indem er über das Stichwort »Parterre« ausdrücklich die Anwesenheit eines Publikums ins Spiel bringt. Darüber hinaus will er seinen Zuschauern diese Figur nicht nur durch das vermitteln, was sie von ihr zu sehen und zu hören, sondern auch durch das, was sie von ihr zu riechen bekommen – eine in der damaligen Literatur und weit darüber hinaus ebenfalls außerordentlich seltene Maßnahme der Publikumsdramaturgie.

Dialoge

DRAMEN

4. Don Karlos

Mit dem historischen Stoff aus dem 16. Jahrhundert, den er in diesem Stück verarbeitete, hatte Schiller sich schon vor seiner Flucht aus Stuttgart vertraut gemacht. Das Gros der Arbeit folgte Mitte der 1780er-Jahre, und nach der Veröffentlichung von Teilstücken in der *Thalia* wurde 1787 die erste abgeschlossene Fassung unter dem Titel *Dom Karlos. Infant von Spanien* im gewaltigen Umfang von 6.282 Versen publiziert. Schiller hat das Stück dann immer wieder neu bearbeitet und dabei auch Kürzungen für Aufführungszwecke vorgenommen. Seit einer Edition im Jahr 1801 heißt die Titelfigur Don Karlos; damit ersetzte eine korrekte spanische Bezeichnung die vorherige portugiesische. Eine letzte Bearbeitung erfolgte für eine Buchausgabe von 1805 unter dem Titel *Don Karlos. Infant von Spanien. Ein dramatisches Gedicht*; diese Fassung im Umfang von 5.370 Versen – der von Schiller fortan bevorzugten Sprachgestaltung seiner Dramen – dürfte die für die langfristige Wirkung des Werkes wichtigste sein. In zwölf *Briefen über ‚Don Karlos'*, die 1788 in Wielands *Teutschem Merkur* erschienen, kommentierte der Autor – wie er es auch in anderen Fällen gelegentlich tat – das eigene Werk und setzte sich mit den ersten Rezensionen auseinander. In vielen späteren Editionen ist der Titel in der Schreibweise *Don Carlos* aufgetaucht.

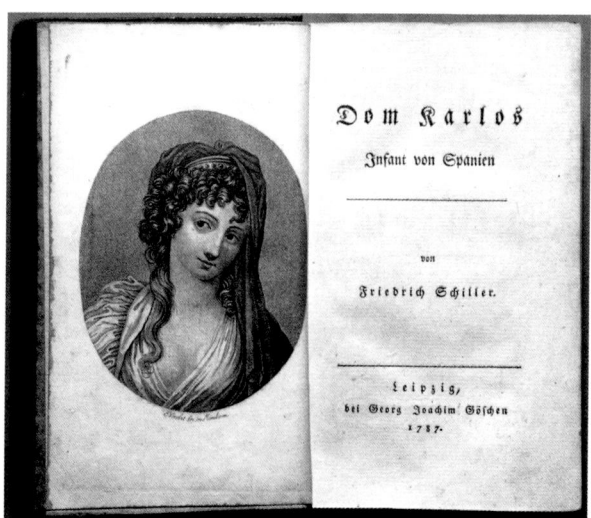

Titelseiten der Erstausgabe, 1878

Die Titelfigur hat es mit zwei schwerwiegenden Problemen zu tun, deren Gemeinsamkeit darin besteht, dass sie Karlos in einen sich kontinuierlich zuspitzenden Konflikt mit dem eigenen Vater treiben, König Philipp II. von Spanien. Zum einen ist Karlos heftig verliebt in seine französische Stiefmutter Elisabeth von Valois; bei ihr handelt es sich um Karlos' ehemalige Braut, die sein Vater im Dienste einer besseren Beziehung zu Frankreich dann selbst geheiratet hat. Zum anderen wird er durch den Marquis Posa, einen Jugendfreund, in die Bemühungen einbezogen, den protestantischen Niederländern gegen die spanische Besatzungsmacht beizustehen und überhaupt Spanien in ein toleranteres Land zu verwandeln. Amouröse Komplikationen um die in Karlos verliebte Prinzessin Eboli tun ein Übriges, die Situation undurchschaubar zu machen; es kommt zu einer Reihe von Missverständnissen und Intrigen und auch wieder dazu, dass die Hauptfiguren sich am Ende nicht durchsetzen können: Posa wird in Anwesenheit von Karlos erschossen, Karlos selbst vom Vater im letzten Auftritt dem Großinquisitor übergeben.

Auch im Fall dieses Werkes kann man feststellen, dass Schiller in erheblichem Maße auf bewährte Bestandteile früherer Arbeiten zurückgreift. Ein weiteres Mal geht es um einen Sohn, der in heftige Auseinandersetzungen mit dem eigenen Vater verstrickt wird, um unerfüllt bleibende Liebe, und es sind abermals Briefe, die in einem Geflecht umfangreicher Intrigen für erhebliche Verwirrung sorgen. Wiederum sehen sich Figuren durch andere, die ihnen besonders nahe stehen, verraten und reagieren entsprechend entsetzt; wiederum liefert der Autor am Ende eine männliche Hauptfigur einer richtenden Institution aus. Der Blick in private Verhältnisse verbindet sich mit dem in größere öffentliche Zusammenhänge, und auch die wohlbekannte Aufsässigkeit gegen einengende Verhältnisse wird in pathetischen Worten erneut beschworen – Karlos' Formulierung, er fordere »mein Jahrhundert in die Schranken« (III, S. 404), hätte von Karl Moor und vielleicht auch von Ferdinand von Walter stammen können. Aber die selbstbewussten Herausforderer stehen auch wieder keineswegs makellos da. Der zunächst überaus idea-

Anknüpfung an
Bekanntes

Kostümbogen zu einer Produktion des *Don Karlos*, um 1820

listisch wirkende Posa etwa instrumentalisiert seine persönlichen Beziehungen zu Karlos in ungebührlicher Weise zu politischen Zwecken und trägt damit zu einer heillosen Situation bei, aus der es kein Entrinnen gibt. Er ist einer der »vielen Schillerschen Idealisten (nicht alle jung), die […] gerade im Namen ihres Idealismus anfällig sind für jene Bewunderung suchende Ichbesessenheit oder andere menschliche Verirrungen, Regressionen und Unzulänglichkeiten« (Guthke 2005, S. 63).

Dass Schiller dennoch ein Stück von ganz anderer Art als die bisherigen geschrieben hat, geht schon aus dem Umstand hervor, dass er seine Figuren in Blankversen sprechen lässt, analog dem Verfahren, das Lessing ein paar Jahre vorher für *Nathan der Weise* gewählt hat, mit dem sich *Don Karlos* in seiner letzten Fassung denn auch die Bezeichnung *dramatisches Gedicht* teilt. Der veritable Stürmer und Dränger hätte eine solche vorgängige Festlegung der Sprache wie eine Zwangsjacke empfunden. Aber Schiller löste sich eben – ähnlich wie Goethe mit *Iphigenie auf Tauris* – immer mehr aus solchem extremen poetischen Individualismus. Dass er andererseits – ebenfalls wie Goethe – nicht dogmatisch auf das neue Prozedere fixiert war, zeigt sich darin, dass eine seiner Bühnenfassungen in Prosa gehalten ist.

Vor allem aber tritt ein besonderer, von nun an recht dominanter Aspekt von Schillers Dramenkonzeption dadurch hervor, dass er im Rückgriff auf den historischen Stoff die politisch-gesellschaftliche Dimension unter ähnlichen, aber nicht ganz gleichen Vorzeichen wie im *Fiesko* ins Spiel bringt. *Die Räuber* und *Kabale und Liebe* nehmen Privatgeschichten zum Ausgangspunkt, familiäre Affären, die im Fortgang der Ereignisse auf unterschiedliche Weise mit allgemeinen Missständen in Verbindung gebracht werden. In *Don Karlos* verhält es sich anders. Frühzeitig rückt neben der Privatgeschichte ein großes, sozusagen internationales politisches Thema, die Unterdrückung der Niederländer, mit Hilfe historischer Gestalten explizit ins Zentrum des Geschehens: »Es geht um Befreiung von Fremdherrschaft, und ein Edelmann als der verantwortlich

Verssprache

Politik

Handelnde setzt sich für die Befreiung eines ihm fremden Volkes ein« (Müller-Seidel 2009, S. 104). Die Protagonisten in *Die Räuber* und *Kabale und Liebe* haben demgegenüber zunächst eher in eigener Sache gekämpft, während in *Die Verschwörung des Fiesko zu Genua* von vornherein ein schwer durchschaubares Konglomerat politischer und individuell-egoistischer Motivationen besteht. Ausführlich thematisiert wird in *Don Karlos* auch die historische Rolle der katholischen Kirche und der Inquisition. Im berühmtesten Auftritt des Stückes will Posa den König zu einem anderen Umgang mit den Untertanen bewegen und wirft sich ihm bei der sprichwörtlich gewordenen Aufforderung »Geben Sie Gedankenfreiheit« (III, S. 479) zu Füßen. Schiller skizziert hier geradezu ein Programm für den aufgeklärten Absolutismus – die Szene hat, indem sie wohl auch ein Anliegen des Autors pointiert auf den Begriff bringt, eine ähnliche Funktion wie die Ringparabel im *Nathan*.

Aber auch Posa ist, wie schon angemerkt, keine Figur, die über allen Zweifel erhaben ist, und das erweist sich insbesondere in der manipulativen Form seines Umgangs mit dem Freund Karlos: Sein Verhalten diskreditiert im Einzelfall das Selbstbestimmungs- und Freiheitsideal, das er für das Kollektiv propagiert. In diesem Zusammenhang zeigt sich sehr deutlich, dass Schiller die persönlichen und familiären Probleme seiner Titelfigur und die politische Thematik nicht als separate Handlungsstränge gestalten will, sondern gerade aus ihrer wechselseitigen Durchdringung Funken zu schlagen versucht: eine Integrationsleistung, deren Qualität von manchen Kritikern des Stückes allerdings ebenso angezweifelt worden ist wie von Kommentatoren, die einseitig entweder die Familientragödie oder den politischen Konflikt in den Vordergrund gerückt und als den ganz und gar beherrschenden Inhalt gesehen haben.

Liebe und Ehe

Aber nicht nur die große Politik wird in diesem Konnex verhandelt. Ein Sachverhalt von übergreifender Relevanz, bei dem Privates und Allgemeines einander durchdringen, ist auch das Verhältnis von Liebe und Ehe, das in der Trias Karlos – Elisabeth – Philipp sichtbar wird. Philipp II. hat Elisabeth aus politischen Erwägungen geheiratet, und Elisabeth formuliert ihr Verhältnis zu ihm in Worten, die alles andere als eine überschäumende Liebeserklärung sind: »Ihn zu ehren ist mein Wunsch und mein Vergnügen« (III, S. 395). Karlos dagegen zeigt sich mit intensiver Leidenschaft auf die Frau fixiert, die jetzt seine (Stief-)Mutter und also für ihn unerreichbar ist; er wähnt sich auf einem Weg, der »zum Wahnsinn oder Blutgerüste (führt)« (III, S. 381). Dieser Gegensatz hat keineswegs nur zu tun mit den Zufälligkeiten einer besonderen Personenkonstellation. Vielmehr tritt hier auch eine sozialgeschichtlich höchst bedeutsame Differenz in Bezug auf zwischengeschlechtliche Beziehungen hervor: Eine ältere Konzeption, welche die Institutionen der Ehe und Familie ganz überwiegend auf Nützlichkeitserwägungen, auf einen nüchtern kalkulierenden Pragmatismus – in diesem Falle den der Staatsräson – stützt, wird mit einer neuen, von tiefer persönlicher Zuneigung getragenen Form der Verbindung konfrontiert.

Das historische Thema, mit dem sich Schiller im *Don Karlos* befasst hatte, ließ ihn nicht los: Schon 1788 erschien die *Geschichte des Abfalls der vereinigten Niederlande von der spanischen Regierung*, seine erste große geschichtswissenschaftliche Arbeit. Unter den späteren Wirkungszeugnissen ganz anderer Art ragt die Oper *Don Carlos* hervor, die Giuseppe Verdi 1865–1867 komponierte.

Giuseppe Verdi

Bühnenbildentwurf für eine Inszenierung der Verdi-Oper *Don Carlos* im Jahr 1870

5. Wallenstein

Mit *Don Karlos* endet die erste Phase der Dramenproduktion Schillers; erst nach einer mehrjährigen Pause wandte er sich dieser Gattung wieder zu. Hatte das Drama *Don Karlos* eine historiografische Veröffentlichung zu dem darin berührten Themenkomplex nach sich gezogen, so verhielt es sich jetzt genau umgekehrt: Als Schiller zu Beginn der 1790er-Jahre über die *Geschichte des Dreißigjährigen Kriegs* arbeitete und publizierte, entstand der Plan zu einem Drama über Wallenstein, eine herausragende Gestalt jener Epoche. Die intensive Arbeit an dem neuen Stück, das sich schließlich zu einer Trilogie auswuchs, begann 1796; die Veröffentlichung des kompletten Werks erfolgte im Jahr 1800. Die Uraufführungen der drei Teile *Wallensteins Lager*, *Die Piccolomini* und *Wallensteins Tod* fanden 1798/99 separat am Weimarer Hoftheater statt.

Reiterbildnis des historischen Wallenstein, um 1625

Der Feldherr Wallenstein, eine charismatische Gestalt, ist der Oberbefehlshaber des kaiserlichen Heeres, aber die Phase des Krieges, in der ihm der Leser begegnet, zeigt ihn in einem äußerst spannungsreichen Verhältnis zum Herrscher. Im ersten, mit Abstand kleinsten Teil der Trilogie werden die Gegebenheiten aus der Sicht diverser Soldaten beleuchtet. Im zweiten und dritten Teil spitzt sich das krisenhafte Verhältnis Wallensteins zum Kaiser immer weiter zu, und diese Entwicklung schlägt unmittelbar durch auf die Beziehungen zwischen Wallenstein und seinen Offizieren sowie anderen Personen in seiner Umgebung. Wallensteins Reden und Handeln wirkt oft befremdlich: Welche Absichten hegt er insgeheim, warum zögert er manche Entscheidungen so sehr hinaus, muss man ihn nicht als Verräter einstufen? Verwoben in die Handlung sind Konflikte von sehr persönlicher Art, insbesondere eine Liebesbeziehung zwischen Wallensteins Tochter Thekla und Max, dem Sohn Octavio Piccolominis; dieser hat sich von einem Freund Wallensteins in dessen heimlichen Gegenspieler verwandelt. Wallenstein wird schließlich auf Veranlassung eines seiner Offiziere in Eger ermordet. In vielen Punkten folgt Schillers Darstellung der historischen Realität, aber einiges hat er frei erfunden, zum Beispiel die Figur Max Piccolomini.

Joseph Karl Stieler: Charlotte von Hagn in ihrem Kostüm als Wallensteins Tochter

Wallenstein als Ganzes ist Schillers umfangreichstes Drama und vielleicht auch dasjenige, an dem er mit dem größten Ehrgeiz gearbeitet hat. Entsprechend vielfältig fallen die Perspektiven aus, unter denen es von der Literaturwissenschaft betrachtet worden ist. Beispielsweise bietet die Erarbeitung des Werkes ein besonders intensives Beispiel für die Kooperation zwischen Schiller und Goethe. Schiller war sich bewusst, als Dramatiker über Fähigkeiten zu verfügen, die Goethe fehlten, aber das hielt ihn nicht davon ab, den neuen Freund während der Arbeit am *Wallenstein* immer wieder um Rat zu fragen und den Rat auch zu beherzigen. Dabei ging es sowohl um grundsätzliche Probleme der Anlage des Ganzen als auch um motivische Details, wie etwa bei der Frage, welche Funktion Wallensteins Glaube an die Macht der Gestirne zuzuerkennen sei. Ein weiteres markantes Beispiel für die Einflussnahme Goethes ist eine winzige, aber durchaus bedeutungsschwere Textänderung, die Goethe für die Uraufführung von *Wallensteins Lager* vornahm: Der Prolog, der dieser vorausging, endet mit den Worten »Ernst ist das Leben, heiter sei die Kunst!«, während es in der von Schiller zu verantwortenden Druckfassung »Ernst ist das Leben, heiter ist die Kunst« heißt (IV, S. 657 und 11).

Auf einer anderen Betrachtungsebene ist im Vergleich des geschichtswissenschaftlichen Werks mit dem Drama sehr anschaulich der Unterschied zwischen verschiedenen Darstellungsformen und Gattungen zu beobachten. Als Historiker mit ausgeprägtem Hang zum Erzählen ist Schiller durchaus in der Lage, differenzierte Einschätzungen der von ihm porträtierten Gestalten zu zeichnen, wie sich gerade auch am Wallenstein-Bild der *Geschichte des Dreißigjährigen Krieges* zeigt; aber er sieht sich doch genötigt, dabei möglichst unmissverständlich zu formulieren und seinen Urteilen scharfe Konturen zu verleihen. Der Dramenautor Schiller dagegen kann vieles offenlassen. Welche Motive Wallenstein letztlich antreiben, ob er eher eigensinnig oder doch in höherem Interesse handelt, ob er eher an der Macht übergreifender Konstellationen, an der Unzuverlässigkeit von Personen in seiner nächsten Umgebung oder an eigenen Fehlern scheitert, ob es Gründe gibt, denen zu zürnen, die ihn verraten, oder ob sie nicht nur ihre Pflicht tun – über all das kann man endlos diskutieren, da der Dramentext zwar eine Vielzahl von Belegen für dies und jenes bereitstellt, sie aber nicht mit jener unzweideutigen Schlüssigkeit gewichtet und einordnet, wie es vom Historiker erwartet wird. Eine der letzten Bemerkungen über Wallenstein in der geschichtswissenschaftlichen Untersuchung hält fest, dass er »fiel […], nicht weil er Rebell war, sondern er rebellierte, weil er fiel« (IX, S. 633) – das ist, bei größtmöglicher Kürze, eine klare Aussage. Das Drama hingegen endet mit dem schmerzhaften Erschrecken von Wallensteins ehemaligem Freund Octavio, der nahezu in demselben Augenblick, da er mit Wallensteins Ermordung konfrontiert wird, von seiner Beförderung zum Fürsten Kenntnis erhält – da wird noch einmal die vielfältige Zwiespältigkeit des Phänomens Wallenstein sichtbar. Letztlich bleibt es dem Leser überlassen, wie er Wallenstein einschätzt, und vielleicht ist das adäquateste Urteil eines, das sich auf die Legitimität

Darstellung von Wallensteins Ermordung,
17. Jahrhundert

einer Vielzahl unterschiedlichster, wenn nicht gar gegensätzlicher Faktoren stützt, die für die Beurteilung von Gewicht sind.

An dieser Stelle wird nun auch sichtbar, dass die Anlage des *Wallenstein* den inzwischen erarbeiteten poetologischen Maximen Schillers folgt. Wer sich, wie wohl die meisten engagierten Leser, ein Urteil über die Hauptfigur bilden möchte, ist gezwungen, sich auf die Komplexität einzulassen, mit der die verschiedensten Aspekte zur Bewertung ihres Verhaltens abgehandelt werden. Der Protagonist soll »distanziert betrachtet werden [...] in seiner Einbindung in den Kausalnexus des dramatischen Geschehens« (Hofmann 2003, S. 149). Eine solche Betrachtung erfordert nichts Geringeres als eine nachvollziehende ästhetische Leistung des Lesers. Diese wiederum lässt sich – wenn denn ein solcher einfacher Rückschluss überhaupt zulässig ist – als Bestandteil jener ästhetischen Erziehung verbuchen, auf die es dem Konzept von der Wirkung autonomer Kunst ankam. Im gleichen Sinne wirkt die fast durchgängige sprachliche Gestaltung in Blankversen: Sie verleiht dem, was da vermittelt wird, die Basis künstlerischer Konsequenz und Regelhaftigkeit. Dadurch verhindert sie, dass der Leser den Inhalt unter naturalistischen Vorzeichen oder mittels simpler Identifikation wahrnimmt, wie es bei der Rezeption leidender Figuren à la Luise und Ferdinand geschehen mag. Auffällig ist das verzögerte Auftreten der Titelfigur: In *Wallensteins Lager* – das sprachlich freier gestaltet ist, zum Beispiel mit Knittelversen, und auch eine weniger strenge Struktur aufweist – ist sie nur in den Reden der Soldaten präsent. Auch in *Die Piccolomini* dauert es bis zum zweiten Auftritt des zweiten Aufzugs, bevor Wallenstein erstmals selbst auftaucht. Wie er von anderer Seite beredet und beurteilt wird, geht also seinem persönlichen Erscheinen voraus. Auch diesen dramaturgischen Kunstgriff darf man als Mittel ansehen, beim Publikum jenen distanzierten Umgang mit dem Stoff zu bewirken, der ästhetischer Reifung dient.

6. Maria Stuart

Mit den historischen Ereignissen, die seinem nächsten Drama zugrunde liegen, hatte sich Schiller schon in den frühen 1780er-Jahren erstmals befasst. Die Erarbeitung des Textes folgte 1799/1800; die Uraufführung fand 1800 in Weimar statt, zur Veröffentlichung der Buchausgabe kam es 1801.

Diesmal wandte sich der Autor einer Episode aus der englischen Geschichte des 16. Jahrhunderts zu, und erstmals rückte er zwei Frauen in den Mittelpunkt des Geschehens. Auf dem Schloss zu Fotheringhay wird Maria Stuart, die katholische Königin von Schottland, von der protestantischen englischen Königin Elisabeth gefangen gehalten und mit der Hinrichtung bedroht; die Anklage lautet, sie habe einen gewaltsamen Umsturzversuch geplant. Der Vorwurf ist zwar unberechtigt, gekaufte Zeugen haben falsch ausgesagt, aber in anderer Hinsicht ist Maria keineswegs ein Unschuldslamm, wie sie selbst einräumt: »Den König, meinen Gatten, ließ ich morden« (IV, S. 406). Versuche, die Hinrichtung zu verhindern, schlagen fehl; auch ein – von Schiller frei erfundenes – Gespräch zwischen den beiden großen Gegenspielerinnen hilft der Gefangenen nicht, sondern verschlimmert ihre Lage nur noch. Die letzten Worte Marias, die auf der Bühne gesprochen werden, lauten: »Jetzt hab ich nichts mehr auf der Erden!« (IV, S. 411), und wenig später erfährt Elisabeth: »Die Gegnerin ist tot« (IV, S. 418); aber Elisabeths Triumph fällt keineswegs ungetrübt aus, sie steht einsamer da denn je.

Voraussehbarkeit Es gibt ein Merkmal dieses Dramas, das es von den früheren Stücken Schillers typologisch deutlich unterscheidet: die Bewegungsarmut und Voraussehbarkeit in der Substanz der auf drei Tage konzentrierten äußeren Handlung. Gleich zu Beginn, da Marias Wärter gewaltsam in ihren privaten Unterlagen stöbert, ohne sich von den Protesten dagegen beeindrucken zu lassen, wird die Aussichtslosigkeit ihrer Lage angedeutet. Bei nüchterner Betrachtung wirkt von Anfang an keine der Bemühungen, sie zu retten, erfolgversprechend, und

Rowland Lockley: Mary Stuart   George Gower: Elisabeth I.

so ist die abschließende Hinrichtung kaum mehr als die Bestätigung von etwas, das sich dem Leser gleich in den ersten Szenen mitteilt. Was zwischen-
durch geschieht, dient der Erhellung der Vorgeschichte, oder es handelt sich
um retardierende Elemente. Weder *Die Räuber* noch *Kabale und Liebe* weisen
eine solche Struktur auf, und die Werke mit historischen Stoffen bieten gravie-
rende Entwicklungen innerhalb der jeweiligen Plots und manchmal auch, da
Schiller mit geschichtlichen Fakten großzügig umgeht, überraschende Wen-
dungen.

Umso intensiver kann man sich in *Maria Stuart* auf jene Figuren konzentrieren, die sich an Kleinigkeiten und Einzelheiten des Geschehens abmühen,
ohne seinen Lauf wesentlich verändern zu können. Zu nennen ist etwa der
impulsive Mortimer, der Maria einmal »mit glühenden Blicken« und wenig

85

später gar »mit irren Blicken« (IV, S. 362 und 364) betrachtet, mit seinen Plänen zu ihrer Rettung aber jämmerlich scheitert und sich schließlich selbst tötet. Eine solche Figur ist ferner der Graf Leicester, ein Günstling Elisabeths und heimlicher Verehrer Marias, von dem man am Ende, als Elisabeth ihn zu sehen wünscht, erfährt, dass er sich nach Frankreich abgesetzt hat.

Rivalinnen | Vor allem aber geht es um die weiblichen Hauptfiguren, die einander als Gegenspielerinnen zugeordnet sind. Die Situation beider stellt sich äußerst heikel dar – auch die Elisabeths, die in Maria schon deshalb eine Rivalin erblicken kann, weil deren mögliche Ansprüche auf den englischen Thron keineswegs jeglicher Plausibilität entbehren. Zudem weiß Elisabeth nicht, zu welchen öffentlichen Reaktionen die ins Auge gefasste Hinrichtung führen wird. Über Maria und Elisabeth kommen also Fragen der politischen Legitimation mittels historischer Abläufe ins Spiel, ebenso der Gegensatz von Katholizismus und Protestantismus und das Problem der angemessenen und gebotenen Form von Machtausübung.

Auch wirken die beiden in persönlicher Hinsicht höchst unterschiedlich: Maria wird als eine attraktive Frau mit beträchtlicher erotischer Ausstrahlungskraft präsentiert; Elisabeth ist ihr in diesem Punkt genauso unterlegen wie etwa Franz Moor dem Bruder Karl. Über die Antwort auf die Frage, ob sich hinter Elisabeths ausgestellter Sprödigkeit nicht doch etwas ganz anderes verbirgt, nämlich – in Marias Worten – »die wilde Glut verstohlner Lüste« (IV, S. 360), sind sich die Kommentatoren des Stückes uneinig. Die Begegnung der Kontrahentinnen, die vor mehreren Zeugen stattfindet und also auch ein Prestigeduell darstellt, artet schnell in einen rhetorischen Streit von beißender Schärfe und mit exquisiten wechselseitigen Beleidigungen aus. Der berühmte und oft belächelte Satz aus Schillers *Lied von der Glocke*: »Da werden Weiber zu Hyänen« (I, S. 488) eignet sich bestens zur Charakterisierung der Szene. Spätestens an dieser Stelle stellt der Text auch die Frage nach dem Verhältnis zwischen den Zufälligkeiten der persönlichen Existenz und den großen Abläufen der Historie.

Einige Rätsel wirft der Schluss des Stückes auf. Das gilt weniger für Elisabeth, die siegreich, aber isoliert dasteht. Was jedoch soll man vom Verhalten der Titelfigur halten? Die Kommentatoren sind sich nicht einig, ob die Maria der letzten Szenen eine ganz andere als die frühere ist und, wenn es sich so verhält, welcher Art ihre Wandlung ist. Erreicht sie, da sie ihr Schicksal annimmt, die allumfassende Harmonie dessen, was Schiller in seiner Schrift *Über Anmut und Würde* eine schöne Seele nennt? Oder findet nicht nur, wenn sie bei ihrem letzten Auftritt geradezu inbrünstig katholische Rituale erfüllt – mit einem Kuss auf das Kreuz und einer körperlich orientierten Anrede an den Heiland –, ihr sinnliches Begehren eine Fortsetzung in veränderter Form? Immerhin findet hier die an dieses Begehren geknüpfte Aggressivität ihren Widerhall, denn Maria spricht in demselben Zusammenhang Graf Leicester so an, dass er »wie vernichtet« (IV, S. 410) dasteht.

Unstrittig ist dagegen, dass Schiller für sein Werk eine ungewöhnlich strenge Konstruktion nach dem Prinzip der Symmetrie gewählt hat. In ihrem Zentrum steht die Begegnung der Frauen im dritten Akt, um die herum sich die Figuren und Ereignisse in spiegelbildlichen Entsprechungen gruppieren. Diese Entsprechungen sind allerdings so flexibel ausgearbeitet, dass keineswegs der Eindruck einer starren Systematik und damit der Monotonie aufkommt. Das gilt etwa für die Beziehungen, die zwischen Leicester und Mortimer bestehen und sich auf markante Weise verändern, aber auch für das Auftreten der beiden Königinnen in den verschiedenen Akten. Das Verfahren ähnelt demjenigen, das Goethe für *Iphigenie auf Tauris* gewählt hat, und wird dem ästhetischen Postulat eines architektonischen Zusammenhangs aller einzelnen Elemente eines großen Kunstwerks perfekt gerecht. Es scheint, als habe Schiller den Fatalitäten der von ihm geschilderten historischen Abläufe den Glanz künstlerischer Perfektion entgegenstellen wollen.

Symmetrie

7. Die Jungfrau von Orleans

Nach der Fertigstellung der *Maria Stuart*
wandte sich Schiller sofort seinem nächsten
Drama zu, dessen Ausarbeitung nicht mehr
als neun Monate beanspruchte. *Die Jungfrau von Orleans* wurde im Oktober 1801 in
einem Berliner *Kalender auf das Jahr 1802*
veröffentlicht, die Uraufführung fand einen
Monat vorher in Leipzig statt. Dass die *Jungfrau* als einziges der späten Dramen Schillers
nicht in Weimar erstmals gegeben wurde,
hatte mit einer persönlichen Empfindlich-
keit von Herzog Carl August zu tun: Die für
die Aufführung vorgesehene Schauspielerin
Caroline Jagemann war seine Mätresse, und
er befürchtete offensichtlich, sie könne in der

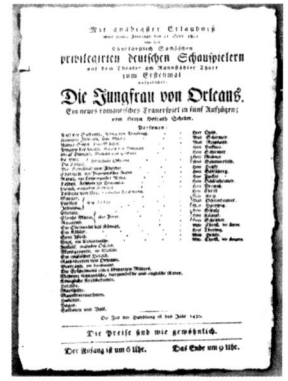

Theaterzettel der Uraufführung, 1801

Titelseiten *Die Jungfrau von Orleans*
im *Kalender auf das Jahr 1802*

Rolle einer legendären Jungfrau unfreiwillig Anlass zu Spott bieten. Die Leipziger Uraufführung wurde zu einem großen Erfolg, in dichter Folge schlossen
sich Inszenierungen an weiteren Bühnen an.

Mit seinem neuen Stück thematisierte Schiller einen im Vergleich zu *Maria
Stuart* noch etwas älteren Komplex aus der englischen Geschichte, den Hun-
dertjährigen Krieg mit Frankreich am Ausgang des Mittelalters. Allerdings
konzentrierte er sich vorrangig auf die französische Perspektive: Seine Hel-
din ist ein Bauernmädchen, das über einen göttlichen Auftrag berichtet, den
in die Defensive geratenen französischen Truppen beizustehen; Erfolg sei ihr
aber nur für den Fall versprochen worden, dass sie sich alle emotionalen und
erotischen Bindungen an Männer versagt. Dies gelingt zunächst: Im Gefolge
der martialisch kämpfenden Johanna eilen die Franzosen von Sieg zu Sieg,
und der Herzog von Burgund, der sich zuvor mit dem Feind verbündet hat,

kehrt an ihre Seite zurück. Als Johanna jedoch das Gesicht des englischen Heerführers Lionel erblickt, den sie im Kampf besiegt hat, überfällt sie spontane Zuneigung, und sie verschont ihn. Damit ändert sich vorübergehend der Lauf der Dinge: Johanna beklagt ihr Schicksal und erkennt, dass sie als »blindes Werkzeug« (IV, S. 508) Gottes gehandelt hat; der eigene Vater agitiert öffentlich gegen sie und hält ihr vor, sie paktiere mit »dem Feind der Menschen [...] / Daß er mit kurzem Weltruhm sie verherrliche« (IV, S. 523). Sie wird verstoßen und landet als Gefangene im englischen Lager, wo Lionel sie vergeblich bedrängt, sich seiner Partei anzuschließen. Johanna wird gewahr, dass ein neues Gefecht ausbricht, in dem die Franzosen einer Niederlage entgegengehen. Nach der Anrufung Gottes zerbricht sie mit wundersamer Kraft ihre Ketten und stürzt in den Kampf, der sich daraufhin sogleich zugunsten der Franzosen wendet. Aber Johanna zieht sich dabei eine tödliche Wunde zu und stirbt, nun wieder versöhnt mit den Ihren, »die Fahne in der Hand« (IV, S. 545) und mit dem Blick in den für sie geöffneten Himmel.

Johanna von Orleans, Miniatur aus der Zeit 1450–1500

Der große Erfolg, den das Stück unmittelbar nach seiner Fertigstellung auf sich zog, dürfte wesentlich damit zusammenhängen, dass das Publikum eine Verbindung herstellte zwischen einem von Schiller letztlich optimistisch dargestellten Kampf gegen übermächtig anmutende Feinde und der aktuellen politischen Situation: Im Europa der Jahre um 1800 dominierte das napoleonische Frankreich, die anderen Staaten hatten darunter zu leiden, und so kam es zu der kuriosen Situation, dass das deutsche Publikum der *Johanna* mit literarisch gestalteten militärischen Triumphen Frankreichs vaterländische

Zeitgeschichtlicher Hintergrund

Empfindungen gegen die französische Vorherrschaft ausleben konnte. Für den Erfolg, insbesondere für den längerfristigen, sind aber auch die beträchtlichen Schauwerte verantwortlich, mit denen Schiller so intensiv wie nie zuvor arbeitete: Duelle, Schlachtszenen, ein im Boden versinkender schwarzer Ritter von mysteriöser Herkunft, ein pompöser Krönungszug und beängstigend wilde Donnerschläge sind auf der Bühne zu bestaunen.

In auffallendem Kontrast zur Popularität des Stückes stehen die fundamentalen Schwierigkeiten, die sich beim Versuch eines angemessenen Verständnisses einstellen: *Die Jungfrau von Orleans* wirft – beginnend bei der Gattungsbezeichnung *Eine romantische Tragödie* – eine Vielzahl von Rätseln auf. Insbesondere erscheint es kaum möglich, einen akzeptablen Leitgedanken zu abstrahieren, der das Ganze trägt; manches erinnert da an die Schwierigkeiten im Umgang mit dem *Fiesko*. Dieser Umstand fällt erst recht ins Gewicht, wenn man bedenkt, dass einzelne zentrale Elemente durchaus bekannte Motive Schillers wiederkehren lassen, wie etwa das des Freiheitskampfes eines unterdrückten Volkes (*Don Karlos*).

Johanna als ‚Killerin' In zwei herausragenden Punkten weicht der Verfasser von der historischen Vorlage ab: Die reale Johanna hat sich zwar als Krieger gekleidet, aber selbst niemanden getötet, und sie endete als Hexe auf dem Scheiterhaufen. Ebenso präsentiert Schiller eine völlig andere, erheblich tugendhaftere Johanna als der Spötter Voltaire in seinem damals weithin bekannten komischen Epos *La Pucelle d'Orléans* (1755), denn die lange bewahrte Jungfräulichkeit der darin agierenden Johanna wird schließlich in ausgiebigen libidinösen Genüssen drastisch überwunden. Gerade vor diesem Hintergrund tritt die Problematik der Schiller'schen Johanna besonders deutlich hervor. Die Figur, die sich so strahlend von ihrem empirischen Vorbild und ihrer prominenten literarischen Vorgängerin abhebt, ist Erfüllungsgehilfin eines göttlichen Auftrags, der von ihr den gänzlichen Verzicht auf humane und emotionale Regungen verlangt. Tatsächlich ist Johanna so lange Erfolg beschieden, wie sie sich daran hält; die

Wilhelm von Kaulbach: Szene aus *Die Jungfrau von Orleans*, vor 1874

Szene, in der sie erbarmungslos den Engländer Montgomery tötet, seinen flehentlich vorgetragenen Bitten um Gnade zum Trotz, bietet einen schockierenden Beleg. Die Empfindung, die sie später im Angesicht Lionels überkommt, stürzt sie dagegen in eine schwere Krise, aus der sie erst ihre aktive Rückkehr auf den Kriegsschauplatz befreit. Mit einer Analogie zu Figuren in populären Medien unserer Zeit könnte man sagen, Johannas Erfolg sei davon abhängig, dass sie als Killerin uneingeschränkt funktioniert; und ihre Apotheose, bei der der Himmel »von einem rosichten Schein belcuchtet [ist]« (IV, S. 545), sowie manches andere im Text sprechen dafür, dass diese göttlich inspirierte Konstruktion auf die Zustimmung des Lesers stoßen soll. Zugespitzt formuliert: Hat Schiller in früheren Werken oft die schrecklichen Seiten purer Gewalttätigkeit angeprangert, so entwickelt er hier eine Handlung, in der sie das einzig angemessene, von Gott abgesegnete Mittel der Auseinandersetzung ist.

Eine allgemein akzeptierte Interpretation, die diese Zumutung entschieden abmildern könnte, ist bisher nicht entwickelt worden. Vielleicht ist sie auch gar nicht möglich und gar nicht wünschenswert; die Bedeutung des Werkes läge dann letztlich darin, dass hier eine besondere Form von Dialektik der Aufklärung – das unbedingte Recht des Freiheitskämpfers einerseits und der furchtbare Preis, den die Wahrung dieses Rechts manchmal kostet, andererseits – in ein unauflösbares Extrem getrieben wird.

8. Wilhelm Tell

Nachdem Schiller mit *Die Braut von Messina* ein Trauerspiel veröffentlicht hatte (1803), das sich nicht auf einen Stoff aus der Realgeschichte stützt, kehrte er mit seinem letzten fertiggestellten Drama, *Wilhelm Tell*, wieder zur Verknüpfung von wirklichen historischen Ereignissen, legendenartiger Vorlage und eigener freier Erfindung zurück. Über den Aufstand, der um 1400 in den Schweizer Gebieten Uri, Schwyz und Unterwalden gegen die durch Vögte repräsentierte Habsburger Fremdherrschaft ausbrach, hatte er sich schon Jahre zuvor mit Goethe ausgetauscht, der einige Zeit lang selbst mit dem Gedanken spielte, das Thema literarisch zu verarbeiten. Ab Mitte 1803 arbeitete Schiller dann intensiv an seinem neuen Stück, das 1804 veröffentlicht und in Weimar uraufgeführt wurde.

Der Zuschauer erfährt zunächst, wie sehr die Einheimischen unter den Aktivitäten der Reichsvögte leiden: Diese haben ein wahrhaft terroristisches Regime etabliert, das sich durch Ausbeutung, Willkür und Gräueltaten bis hin zu Folter und sexueller Gewalt auszeichnet. Das Recht wird mit Füßen getreten, und die Verfügung des Vogts Geßler, man möge einen öffentlich ausgestellten Hut an seiner Stelle grüßen, um ihm den gehörigen Respekt zu bekunden, zeigt an, wie sehr die Machthaber auch mit symbolischen Mitteln auf die Unterdrückung der Bevölkerung setzen. Schließlich verpflichten sich die ihrer Selbstständigkeit und Würde Beraubten im berühmten Rütli-Schwur zum kollektiven Widerstand. Unabhängig von ihnen agiert zunächst Wilhelm Tell, der einzelnen Personen tatkräftig hilft, sobald sie in Not geraten, sich der Verschwörergruppe aber nicht anschließt. Als Geßler ihn jedoch zwingt, einen Apfel vom Kopf des eigenen Sohnes zu schießen, und ihn anschließend festnehmen lässt, da er sich von Tell bedroht fühlt, ist es mit dessen Zurückhaltung vorbei: Tell entflieht und erschießt Geßler aus dem Hinterhalt in der hohlen Gasse bei Küßnacht. Ein allgemeiner Aufstand vertreibt die fremden Herren, es »ist kein Tyrann mehr in der Schweizer Land« (V, S. 193). Gleichzeitig trifft die Nachricht ein, der Kaiser sei von seinem Neffen Johann aus Eigennutz ermordet worden. Dieser taucht nun ausgerechnet in Tells Heim auf; Tell erklärt ihm zwar hilfsbereit, wie er nach Rom gelangen könne, um dort beim Papst vielleicht Vergebung zu finden, weist aber jede Gleichstellung seines Tötungsakts mit dem des Kaisermörders streng zurück. Am Ende feiern zahlreiche »Landleute […] mit lautem Frohlocken« Wilhelm Tell, den »Schütz und […] Erretter« (V, S. 206).

Wilhelm Tell ist in mehrfacher Hinsicht das volkstümlichste Stück seines Autors geworden. Wieder konfrontiert Schiller den Betrachter mit eindrucksvollen bunten Bildern und Szenen. In keinem anderen seiner Werke existieren so viele Formulierungen, die sich später in geflügelte Worte verwandeln, treten Angehörige der mittleren Bevölkerungsschichten als Akteure so intensiv in Erscheinung und findet – analog zu Verfahrensweisen in der populären Unterhaltungsliteratur – eine ähnlich klare Trennung in gute und böse Charaktere statt. Idyllische Momente, mit Musik und einer traumhaft schönen Landschaft, eröffnen das Stück, bevor dann das Wetter umschlägt und ein Geschehen auf Leben und Tod einsetzt. Mit

Popularität

Moritz Daffinger: Wilhelm Tell, vor 1849

Wilhelm Tell tritt nun eine Figur auf, die heroische Züge im schlichtesten Sinne aufweist: als Retter aus der Not, wo andere versagen, als Fährmann, der das Boot durch wildes Wasser führt, als unglaublich sicherer Armbrustschütze. Szenen wie die mit dem Apfelschuss und der Tötung Geßlers haben sich tief ins kulturelle Gedächtnis eingegraben.

Konzeption Auch in den Grundzügen der Konzeption steht *Wilhelm Tell* unter den ab-
geschlossenen Dramen Schillers singulär da. Als einziges ist es definitiv kein
Trauerspiel, keine Tragödie, und es kommt dem, was man Happy End nennt,
ganz nahe: Die bösen Menschen büßen ihre Untaten mit dem Tod oder werden vertrieben, die guten triumphieren, und nach Überwindung von mancherlei Hindernissen zeichnet sich am Ende sogar die Eheschließung von zwei
Adeligen ab, die sich auf die Seite der Guten gestellt haben. Die große politische Befreiungsaktion wirkt außerordentlich komplex und fundiert. Einerseits
hat sie eine rückwärtsgewandte Dimension, indem die Verschwörer mit der
Vertreibung der Invasoren den »alte[n] Urstand der Natur« (V, S. 143) wie-
derherstellen wollen. Sie verweist andererseits aber auch in die Zukunft, da in

den allerletzten Worten des Stückes der adelige Ulrich von Rudenz »alle meine Knechte« (V, S. 206) für frei erklärt, nachdem zuvor schon der Freiherr von Attinghausen die Einebnung der Unterschiede zwischen Adel und Bürgertum proklamiert hat: »Der Adel steigt von seinen alten Burgen / Und schwört den Städten seinen Bürgereid« (V, S. 178). Man hat das alles natürlich auch wieder in Zusammenhang gebracht mit den politischen Gegebenheiten aus der Lebenszeit ihres Autors, von der Französischen Revolution, zu deren brutalen Exzessen der Aufstand der Eidgenossen ein Alternativmodell biete, bis zur aktuellen internationalen Lage. Es scheint jedenfalls, als sei hier einmal dem

DRAMEN

Kampf um Freiheit und Selbstbestimmung, der in Schillers früheren Werken stets scheiterte und ins Zwielicht geriet, im Inneren wie nach außen ein umfassender Erfolg beschieden – und das, anders als in *Die Jungfrau von Orleans*, weitestgehend ohne exzessive Gewalttätigkeit!

Aber Schiller wäre nicht der skeptische Aufklärer, als den wir ihn kennengelernt haben, wenn er nicht selbst in diesem Fall doch wieder ein wenig Sand ins Getriebe streute. Das gilt insbesondere für die Figur des Tell. Es ist bemerkenswert, welchen rhetorischen Aufwand der Autor treibt beziehungsweise seinen Titelhelden treiben lässt, um dessen Tötungsakt gegen Geßler zu rechtfertigen: Zuerst spricht Tell, bevor er schießt, einen extrem langen Monolog, in dem er seine hehren Motive für die Gewalttat darlegt, und dann, nach vollbrachter Tat, darf er im Dialog mit dem völlig überraschend auftauchenden Kaiser-

Ein problematischer Held

mörder erklären, dass er moralisch unendlich besser dastehe als dieser. Wenn ein Autor seiner Figur so viele Worte in den Mund legt, entsteht der Verdacht, dass ihr Handeln als solches sie nicht derart zu exkulpieren vermag – spräche die Situation unmissverständlich für sich, bräuchte es nicht eine ausufernde Eloquenz, um von Tells Ehrenhaftigkeit zu überzeugen. Ebenso wenig bedürfte es der Einführung einer Figur, deren vorrangige dramaturgische Funktion darin zu bestehen scheint, im Vergleich zu Tell den deutlich unsympathischeren Eindruck zu hinterlassen. Am Ende schweigt Tell dann wieder: Als alle ihn umjubeln und den Anbruch einer neuen Zeit feiern, bleibt er stumm.

Bei nüchterner Betrachtung ist denn auch die Tötung Geßlers, die Tell selbst einen »Mord« (V, S. 184) nennt und zugleich als Notwehr rechtfertigen möchte, ein eher überflüssiges Unternehmen. Die Berichte von den anschließenden Aktionen der Freiheitskämpfer zeigen, dass sie sich ohne Blutvergießen ihrer Unterdrücker entledigt haben, und man darf argumentieren, dass dies doch auch im Fall Geßlers hätte geschehen können, wenn man es nur ganz und gar gewollt hätte. Dass Tells Tat so etwas wie die Initialzündung zur Durchführung des längst verabredeten Aufstands bildete, kann keineswegs alle vom Autor selbst indirekt bestätigten Zweifel an ihrer Legitimität ausräumen. So gerät also auch diese umjubelte Rettergestalt, dieser erfolgreichste aller Schiller'schen Freiheitskämpfer ins Zwielicht.

Ein scharfsinniger Leser hat schon vor langer Zeit das Geschehen in *Wilhelm Tell* mit dem von Sigmund Freud postulierten Kampf der brüderlichen Urhorde gegen einen alle Macht und das Sexualmonopol für sich reklamierenden Vater verglichen. Dieser Kampf endete mit der Ermordung des Vaters und einem kollektiven Schuldbewusstsein ob dieser Gewalttat. Schiller reproduziere nun dieses archaische Modell, aber seine Version der Geschichte halte – so die Interpretation weiter – das Schuldgefühl von vornherein fern, indem es die Tat zum Unternehmen einer isolierten einzelnen Person mache und diese dann auch noch in der Konfrontation mit einem ganz und gar egoistischen Verbrecher, einem veritablen Sündenbock also, von jeglicher Schuld freispreche. Unter diesen Vorzeichen erkläre es sich auch, dass Tell »sich so entschieden vom Verbrüderungsritual auf dem Rütli [distanziert]« und »schließlich trotzdem als der Befreier von allen [gilt]« (von Matt 1972, S. 58).

Tony Muttenthaler: Illustration zur Ermordung Gesslers durch Tell, 19. Jahrhundert

Der scheinbar so einlinig argumentierende und dann doch wieder außerordentlich komplexe *Wilhelm Tell* hat eine entsprechend facettenreiche Wirkungsgeschichte auf sich gezogen. Beispielsweise veranlasste Adolf Hitler 1941, dass dieses Stück über den Tyrannenmord nicht mehr aufgeführt und nicht weiter im Schulunterricht behandelt wurde. Im Jahr 1971 veröffentlichte der Schweizer Schriftsteller Max Frisch einen *Wilhelm Tell für die Schule*, der vertauschte Rollen vorführt und den Mythos des Freiheitskampfes demontiert: Hier repräsentiert der Vertreter des Kaisers den humanen Fortschritt, während die Rütli-Verschwörer für das Reaktionäre und Ewiggestrige stehen.

VI. Erzählprosa: Verbrecher aus Infamie

Mit den erzählenden Gattungen der Literatur hat Schiller sich – von den Sonderfällen abgesehen, auf die im Kapitel über seine geschichtswissenschaftlichen Schriften eingegangen wird – kaum befasst, im Unterschied zu Goethe und Wieland: Während diese auch beziehungsweise gar in erster Linie als Romanautoren bekannt wurden, verfasste Schiller nur wenige, überwiegend kurze epische Texte, unter denen neben dem Fragment gebliebenen Werk *Der Geisterseher* (1787–1789) die Erzählung *Verbrecher aus Infamie. Eine wahre Geschichte* herausragt. Sie erschien anonym 1786 im zweiten Heft der *Thalia* und wurde 1792 unter dem Namen des Verfassers und mit dem heute bekannteren und Schillers Intentionen besser verdeutlichenden Titel *Der Verbrecher aus verlorener Ehre* in einer Ausgabe seiner kleineren prosaischen Schriften neu veröffentlicht.

Der Verfasser schildert die Laufbahn eines Kriminellen namens Christian Wolf, der vom Wilddieb zum Mörder und Anführer einer berüchtigten Räuberbande avanciert, sich schließlich wieder von ihr löst und dann als verdächtiger Wanderer unerkannt in die Hände der Obrigkeit fällt; nach einem missglückten Fluchtversuch gesteht er seine Identität ein. Der Text setzt sich zusammen aus den Darlegungen eines auktorialen Erzählers und Kommen-

Schiller als Erzähler

99

Darstellung des Räderns, 16. Jahrhundert

tators, einem von Reue getragenen Rechenschaftsbericht des Protagonisten und längeren Dialogpassagen. Das Ganze orientiert sich an der realen Geschichte des württembergischen Verbrechers Friedrich Schwan, der einige Jahrzehnte zuvor sein Unwesen getrieben hatte, bevor er ergriffen und auf dem Rad hingerichtet wurde. Der Zufall wollte es, dass ausgerechnet der Vater von Schillers Carlsschullehrer Abel Schwan 1760 festnahm und verhörte; von Abel, der auch selbst einen Bericht über Schwan publizierte, ließ sich Schiller Einzelheiten des Falles berichten. Der mit dem Titel verbundene Hinweis, dass es sich um eine wahre Geschichte handle, stellt seit jeher ein probates Mittel dar, zusätzliches Interesse auf einen ästhetisch gestalteten Stoff zu lenken.

Kriminelle Banden der geschilderten Art waren damals in Europa häufig zu finden und zogen dementsprechend die Aufmerksamkeit vieler Autoren auf sich; auch Schiller selbst hatte sich des Motivs ja bereits in seinem ersten Drama bedient. Das Gros der einschlägigen Veröffentlichungen kann man in zwei Gruppen aufteilen. Einerseits wurden in großer Zahl mehr oder weniger authentische Berichte und Reflexionen über das Treiben tatsächlich existierender Verbrecher publiziert; andererseits präsentierten immens populäre Räuberromane als Teil der neuerdings aufblühenden Unterhaltungsliteratur romantische Ausschmückungen eines unkonventionell-abenteuerlichen Lebens. Zu der letzteren Gruppe gehört der schon erwähnte *Rinaldo Rinaldini* von Goethes Schwager Vulpius. In diesen Romanen wurde die Handlung dabei zumeist in Ländern Südeuropas angesiedelt.

Schillers Umgang mit dem Stoff weist ihn als einen genuinen Aufklärer auf.
Für den juristischen Umgang mit Verbrechern war damals immer noch die
Peinliche Gerichtsordnung Kaiser Karls V. aus dem Jahr 1532, kurz *Carolina*
genannt, verbindlich. Sie orientierte sich bei
der Zumessung von Strafen vorrangig an der
Schwere des Delikts, um das es ging, während
die Lebensumstände und Motive der Täter
und die Frage nach ihrer Verantwortlich-
keit, anders als heute, kaum eine Rolle spiel-
ten. Gemäß der aufklärerischen Vorstellung
vom Wert der Individualität des Menschen
entwickelte sich jedoch im 18. Jahrhundert
eine Diskussion über diese Problematik: Der
Gedanke breitete sich aus, bei der Beurteilung menschlicher Verhaltensweisen – auch
der extremen, moralisch unakzeptablen und
kriminellen – müssten die jeweiligen besonderen Umstände gewürdigt werden, von den
sozialen Bedingungen bis zu den psychischen
Dispositionen der Beteiligten.

In diesem Zusammenhang ist es zu verstehen, dass Schiller einleitend seinen
Text als Beitrag zur »Seelenlehre« anpreist und »Belehrungen« für »die gesetz-
gebende Gewalt« in Aussicht stellt. Sein Christian Wolf wächst als Sohn eines
früh verstorbenen Gastwirts in misslichen Verhältnissen auf, »die Wirtschaft
war schlecht«. Auch hat ihn die Natur, wie den Franz Moor der *Räuber*, mit
einem unsympathischen Äußeren geschlagen, das ihm früh die »Verachtung
seiner Person« (VII, S. 48) einträgt. Um dennoch ein Mädchen, das ihm
gefällt, beeindrucken zu können, will er von den Erträgen der Wilddiebe-
rei profitieren, doch ein Nebenbuhler um die Gunst des Mädchens kommt
ihm auf die Spur und verrät ihn. Wolf gerät ins Räderwerk einer unerbittlich

verfahrenden Justiz, und alle Versuche, sich durch die Übernahme redlicher Arbeiten zu resozialisieren, werden zurückgewiesen. Eine Festungshaft, die ihn mit Mördern und anderen Schwerverbrechern bekannt macht, verstärkt seine sozialethische Desorientierung, und nach der Entlassung stellen sich die Verhältnisse in seiner Vaterstadt vollends katastrophal dar: Die Mutter ist gestorben, die Schwester fristet ein elendes Dasein als Soldatenhure, und »alle Welt floh mich wie einen Giftigen« (VII, S. 52). Unter diesen Umständen gerät Wolf endgültig auf die schiefe Bahn: Er stiehlt weiter – nunmehr auch erfüllt vom Rachedurst gegenüber einer feindlichen Umgebung –, erschießt bei entsprechender Gelegenheit den Mann, der ihn einst angezeigt hat, und wird von einer Räuberbande, auf die er zufällig gestoßen ist, zum Anführer erkoren.

Die Erzählung bietet in ihrem ersten Teil geradezu ein Kompendium der Umstände, die Menschen in die Kriminalität treiben können, von angeborenen Benachteiligungen bis zu destruktiv wirkenden äußeren Faktoren verschiedenster Art. Dass das Leben Christian Wolfs unter günstigeren Voraussetzungen völlig anders hätte verlaufen können, dass auch in ihm bessere, edlere Anlagen vorhanden sind, wird immer wieder angedeutet. So findet sich der Hinweis, »das traurige Handwerk« der Räuberbande sei ihm schon bald »unerträglich« (VII, S. 61) erschienen, und nach der Trennung von ihr zeigt Wolf sich bereit, durch ein Leben als »braver Soldat« (VII, S. 63) für die vorherigen Verfehlungen Sühne zu leisten. Aber auch jegliche Form von Heroisierung wird vermieden: Der Erzähler erklärt beispielsweise, dass der vermeintlich verliebte junge Christian Wolf sich über seine Gefühle täusche, und er verzichtet auf alle Schilderungen vermeintlich attraktiver Seiten des Räuberlebens, wie sie in den entsprechenden Romanen der Zeitgenossen üblich waren.

Didaktische Absicht   Schillers didaktische Absicht geht ersichtlich dahin, Verständnis für diejenigen zu wecken, die ihr Weg nicht auf die Sonnenseite des Lebens geführt hat. Insofern leistet *Verbrecher aus Infamie* mit seiner literarischen Ursachenforschung einen kleinen, aber gewichtigen Beitrag zur Diskussion um den adäquaten

Umgang mit Verbrechern. Die Erzählung verweist dabei zwangsläufig auch auf den schmalen Grat zwischen dem missratenen und dem gesellschaftlich akzeptierten Leben, denn Schillers Darstellung impliziert die Einsicht, dass zwischen einer Person, die konventionell und gesetzeskonform lebt, und einem menschlichen »Ungeheuer« (VII, S. 45) nicht unbedingt so gewaltige fundamentale Differenzen bestehen müssen, wie man sich das vielleicht gern vorstellt. Die Aufklärung ist gewiss eine im Kern optimistische Epoche, aber an dieser Stelle zeigt sich wieder, dass der Aufklärer Schiller über ein durchaus skeptisches Menschenbild verfügt – gerade auch da, wo er sich um neue, originelle Wege zum Verständnis menschlicher Verhaltensweisen bemüht.

Adolph Müller: Schiller im Kreise von Wilhelm und Alexander von Humboldt sowie Johann Wolfgang von Goethe, um 1797

ERZÄHLPROSA

VII. Gedichte

1. Die Kindsmörderin

Titelseite der Anthologie

Das Gedicht *Die Kindsmörderin*, das hier als Beispiel für die frühe Lyrik Schillers stehen mag, ist im Großen und Ganzen denselben gedanklichen Zusammenhängen zuzuordnen wie *Verbrecher aus Infamie*. Schiller veröffentlichte es in seiner *Anthologie auf das Jahr 1782*, und im Jahr 1803 tauchte es mit kleinen, aber gewichtigen Veränderungen in einer Sammlung seiner Gedichte wieder auf.

Mindestens ebenso pointiert wie im Fall von Räuberbanden stellte sich die Frage der angemessenen Sanktionierung schwerer Straftaten bei den sogenannten Kindsmörderinnen, jungen Frauen also, die das eigene Kind kurz nach der Geburt töten. Die erwähnte Gerichtsordnung aus der Zeit Karls V. hatte

Historische
Zusammenhänge

für solche Delinquentinnen die Todesstrafe mittels grausamster Formen der Hinrichtung vorgesehen, denn man rückte bei der Beurteilung dieses irreparablen Verbrechens an einem wehrlosen, unschuldigen und zumeist ungetauften Geschöpf wiederum die Ungeheuerlichkeit der Tat in den Mittelpunkt, während der psychische Zustand der Täterin keine Rolle spielte. Unter den Vorzeichen aufklärerischen Denkens entwickelte sich nun zwangsläufig eine neue Betrachtungsweise. Wie sehr das Thema diskutiert wurde, geht beispielsweise aus dem Umstand hervor, dass im Jahr 1780 in der sogenannten Mannheimer Preisfrage nach schriftlich fixierten Überlegungen gesucht wurde, wie dem verbreiteten Übel am besten beizukommen sei. Zahlreiche literarische Texte der zweiten Hälfte des 18. Jahrhunderts beschäftigten sich mit dem aufwühlenden Thema, das in der Literaturgeschichte ohnehin immer wieder Aufmerksamkeit auf sich gezogen hat – vom antiken Drama, wie *Medea* von Euripides (431 v. Chr.), bis zum Roman der jüngsten Zeit, wie *Lust* von Elfriede Jelinek (1989). Um Kindestötung geht es beispielsweise in *Die Kindermörderin* von Heinrich Leopold Wagner, einem der markantesten Dramen des Sturm und Drang, in der Gretchen-Handlung von Goethes *Faust*, in *Des Pfarrers Tochter von Taubenhain* von Gottfried August Bürger und in zahllosen anderen Gedichten. Darunter findet sich auch *Seltha, die Kindermörderin* von Gotthold Friedrich Stäudlin (1781), auf das Schillers Text in mancher Hinsicht unmittelbar reagiert. Viele dieser Schriften versuchen sich an einer genauen, oft von großem Verständnis getragenen Durchleuchtung der Motive der jungen Mütter. Für sie wird ein psychischer Ausnahmezustand geltend gemacht, der sich in den Schilderungen entsprechend extremer Formen des Tötungsakts auf makabre Weise niederschlägt: Während Wagners Protagonistin ihrem Kind eine Nadel in die Schläfe sticht und vom austretenden Blut trinkt, zerschmettert die Mutter in Anton Matthias Sprickmanns Gedicht *Ida* den Kopf ihres Säuglings an einem Felsen und leckt an seinem Gehirn. Andere Kinder werden in Brunnen

Darstellung zu Bürgers *Pfarrerstochter von Taubenhain*, um 1850

zu Tode gestürzt, mit kochendem Wasser übergossen oder zerschnitten, und auch bei Schiller ist davon die Rede, das Kind sei »hingemetzelt (worden)« (I, S. 68), wenngleich der Leser hier keine präzisen Einzelheiten erfährt.

Unabhängig davon fügt sich Schillers Gedicht in mancher Hinsicht perfekt dem literarischen Diskurs zur Psychologie des eigentlich unfassbaren Verbrechens ein. Wir begegnen einer Kindsmörderin namens Louise, die unmittelbar vor der Hinrichtung steht und in der Ich-Form über ihre Situation Auskunft gibt. Dass sie zu Recht in den Tod geschickt wird, zieht sie nicht in Zweifel. Aber sie erweist sich keineswegs als demütige und verzweifelte Büßerin, denn nach ihren Worten lässt sich einiges zu ihren Gunsten anführen: Die »Welt« (I, S. 65) hat sie, anders als viele Mädchen, nicht mit der nötigen Standhaftigkeit gegenüber erotischen Anfechtungen ausgestattet. Ein skrupelloser Verführer hat ihre Schwäche ausgenutzt, sich dann, als die Folgen der Beziehung eintraten, aus dem Staub gemacht und sich vermutlich längst eine andere Geliebte gesucht. Und dem unehelichen Kind, dem »Bastard« (I, S. 67), drohte wie der alleinstehenden Mutter eine überaus leidvolle Zukunft, die sie ihm

nun erspart hat. Louise pendelt, der Situation angemessen, zwischen heftigen Empfindungen unterschiedlicher Art: Sehnsüchtige Erinnerungen an den
»holde[n] Kleine[n]« (I, S. 66) wechseln mit blutrünstigen Vorstellungen vom
unmittelbar bevorstehenden Akt der Hinrichtung. Der verräterische Geliebte
wird mit Beschimpfungen und übelsten Wünschen für seine Zukunft bedacht,
bevor ihn dann doch auch Worte der Verzeihung treffen. Und zu denen, die
Louise in ihrem Monolog direkt anspricht, gehören sowohl ihre Geschlechts-
genossinnen, denen sie rät, »Männerschwüren nie [zu trauen]«, als auch derjenige, der ihrem Leben ein Ende setzen wird: »Henker, kannst du keine Lilie
knicken? / Bleicher Henker, zittre nicht!« (I, S. 68). Auch um psychologische
Feinheiten bemüht sich der Verfasser: Hat einst die Mutter in den Gesichts-
zügen des unehelichen Kindes mit Entsetzen das »Konterfei« (I, S. 66) ihres
Verführers entdeckt – und so in gewissem Sinne mit dem Sohn auch den Vater
getötet –, so wünscht sie dem Bösewicht nun, ihn möge »des Kindes grasser
Sterbeblick« (I, S. 67) wie Peitschenhiebe treffen. Alles in allem tritt Louise – gemessen an den Umständen – bemerkenswert stolz und selbstbewusst
auf: ein personifiziertes Plädoyer für den respektvollen Umgang mit Frauen,
die sich zu solch einer schrecklichen Tat haben hinreißen lassen.

Zweitfassung   Dem älteren Schiller erschien das, was sie zu ihrer Rechtfertigung anführt,
allerdings offenbar unzulänglich, denn in die Zweitfassung 21 Jahre später
zog er mit den Textänderungen einen Argumentationsstrang ein, der zwar
den Usancen der Kindsmord-Literatur entspricht, in der Erstveröffentlichung
aber höchstens mittelbar zutage tritt: Louise spricht jetzt auch davon, sie sei
von »Verzweiflungswahn« getrieben worden und habe »mit verworrnem Sinn«
(I, S. 607f.) gehandelt. Das bedeutet nichts anderes, als dass der Autor sie nun
unmissverständlich unter den Schutz des Pathologischen stellt, dessen sie in
seiner Sturm-und-Drang-Phase kaum bedurfte.

2. Resignation. Eine Phantasie / An die Freude

In seiner Mannheimer Zeit wie auch in den Jahren in Leipzig und Dresden hat Schiller nur wenige Gedichte geschrieben. Die beiden, die in diesem Kapitel behandelt werden, sind im Abstand weniger Monate entstanden – *Resignation* vermutlich Ende 1784, *An die Freude* Mitte 1785. Sie wurden gemeinsam im zweiten Heft der *Thalia* 1786 veröffentlicht und behandeln, anders als *Die Kindsmörderin*, mit großem affektivem Aufwand Grundfragen der menschlichen Existenz. Umso bemerkenswerter ist ihre extrem unterschiedliche Grundstimmung, die sich ja schon in den Titeln andeutet: Während das erstgenannte zu deprimierenden Befunden gelangt, kommt das zweite – im Gesamtwerk Schillers eines von mehreren Dutzend, die *An ...* etwas gerichtet sind – geradezu euphorisch im positiven Sinne daher. Zu bemerken sind hier somit »diametral entgegengesetzte Tonlagen« (Schwarz ²2011, S. 294).

In *Resignation* spricht ein Ich am Ende seines Lebens. Es hat einst, durch göttliche Verheißungen angetrieben, gänzlich darauf verzichtet, »meiner Jugend Freuden« auszuleben, sich in der Hoffnung gewiegt, dafür »in einem andern Leben« entschädigt zu werden, und für diese Entscheidung von seiner Umgebung bitteren Hohn und Spott geerntet. Nun, auf der »Schauerbrücke« zur »Ewigkeit« (I, S. 157), fordert es die Einlösung der in Aussicht gestellten Belohnung, aber die Antwort, die ihm »ein Genius« gibt, ist furchtbar enttäuschend: Es seien »zwei Blumen« für die »Menschenkinder« vorhanden, »*Hoffnung* und *Genuß*«; man könne sich nur für eine von beiden entscheiden, und jede trage ihre Belohnung und Erfüllung in sich. Die religiös inspirierte Hoffnung, auf die sich das Ich konzentriert hat, kann also keineswegs eine Belohnung im Jenseits erwarten und muss sich mit dem begnügen, was sie im irdischen Dasein vermittelt hat: »Du hast *gehofft*, dein Lohn ist abgetragen, / Dein *Glaube* war dein zugewognes Glück« (I, S. 159). Eine Reaktion auf diese Auskunft findet sich nicht mehr, sofern man nicht den Titel des Gedichts für eine solche nimmt.

Zwei benachbarte Gedichte

Resignation

LYRIK

Auch in *Resignation* ist mehrfach die Rede von der titelspendenden Freude des zweiten Gedichts. Aber sie taucht nur auf als etwas, das dem Sprecher »An meiner Wiege […] zugeschworen [war]« (I, S. 156) und nicht realisiert wurde, und dann als eine Verheißung für das Jenseits, die nun nicht eingehalten wird. Insofern kann man sagen, dass die Freude hier durch dauerhafte Abwesenheit glänzt, gegenteiligen Ankündigungen zum Trotz. In *An die Freude* dagegen glänzt sie tatsächlich: als »eine dem Himmel entstammende unwiderstehliche Triebkraft, die die Natur, ja den gesamten Kosmos mit Harmonie durchwirkt und die auch das menschliche Leben beherrscht, indem sie mit der Kraft der Sympathie alle Trennungen überwindet und Brüderlichkeit über soziale Schranken hinweg sowie Liebe und Freundschaft ermöglicht« (Schulz 2005, S. 260). In immer neuen Anläufen bringen alternierend ein nicht näher ausgewiesener Sprecher und ein Chor die Freude mit allen möglichen Themen in Verbindung: Ein »holdes Weib« (I, S. 168), das es zu erringen gilt, taucht ebenso auf wie der um »Wahrheit« bemühte »Forscher«; Friedensgedanken werden ebenso artikuliert wie der Glaube an den »große[n] Gott« (I, S. 169) und die »Rettung von Tyrannenketten« (I, S. 171). Zentral ist der Gedanke vom freundschaftlichen Miteinander der Menschen im allerbesten, emphatischen Sinne: »Seid umschlungen, Millionen!« (I, S. 168). Als Bindemittel des kollektiven Umgangs wird gemeinsamer Alkoholgenuss empfohlen: Von den Segnungen des Weins ist intensiv die Rede, sodass sich auch die Merkmale eines Trinklieds abzeichnen. Da liegt es nahe, dass selbst Gott in diesem Zusammenhang auftaucht – »Dieses Glas dem guten Geist, / Überm Sternenzelt dort oben!« (I, S. 170) – und dass auch eine der bis heute am häufigsten – oft mit ein

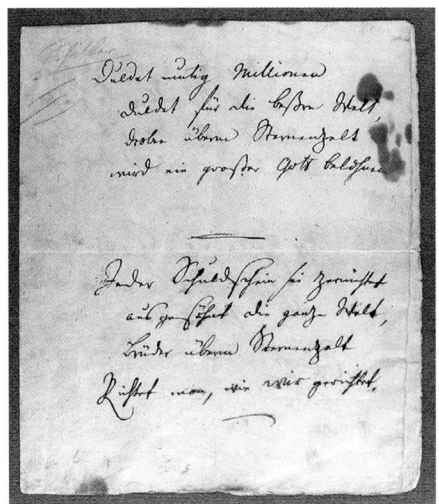

Manuskriptseite aus *An die Freude*, 1785

wenig frivoler Tendenz – zitierten Formulierungen des Textes wenigstens metaphorisch die Beziehung zum Trinken herstellt: »Freude trinken alle Wesen / An den Brüsten der Natur« (I, S. 168).

Mit einer noch gegensätzlicher wirkenden Stimmung als in diesen beiden Gedichten kann man kaum auf Gott und die Welt schauen. *An die Freude* ist ein Jubeltext über fundamentale Perspektiven des menschlichen Daseins, das Zeugnis eines überschäumenden Optimismus, der die Wonnen des Alltagslebens, politische Probleme und grundlegende Fragen des philosophisch-religiösen Bereichs wie selbstverständlich harmonisch miteinander verknüpft. *Resignation* hingegen erweist sich als Dokument einer gewaltigen Desillusionierung: Da hat also jemand sein Leben vollständig ausgerichtet nach der »auf jenem Stern« verkündeten »frohe[n] Sage«, der zufolge er »in einem andern Leben« (I, S. 157) für die diesseitigen Entbehrungen entschädigt werde, und dann stellt sich heraus, dass der Glaube, so werde es kommen, alles ist, was für ihn bereit gehalten wird. Das »Schlangenheer der Spötter« (I, S. 158), das die Entscheidung des Sprechers einst bissig kommentiert hat, behält vollständig recht.

Radikale Kontraste

Nikolas Poussin: Hirten in Arkadien, 1650–1655

In beiden Fällen arbeitet Schiller intensiv mit Textelementen und Gedanken des zeitgenössischen Horizonts. *Resignation* beginnt mit dem Vers »Auch ich war in Arkadien geboren« (I, S. 156) und verweist damit auf einen seit langem tradierten Mythos unbeschwert-idyllischen Lebens, für das die griechische Landschaft auf dem Peloponnes stand. In Verbindung mit den Wonnen, denen sich das sprechende Ich einst entzogen hat, fällt der Name Laura. Damit wird nicht nur ersichtlich, dass es bei den freiwillig verweigerten Freuden primär um solche erotischer Art ging, sondern

Literaturgeschichtliche Zusammenhänge

LYRIK

111

der Text ordnet sich mit der Wahl
gerade dieses Namens andeutungs-
weise auch ein in die Reihe der zahlreichen deutschen Laura-Gedichte,
die im Gefolge der Laura-Sonette
des mittelalterlichen italienischen
Dichters Francesco Petrarca (1304–
1374) entstanden waren. Die Kriti-
ker der frühen Lebensentscheidung
des Ichs kommen ausführlich zu
Wort, und manches, was sie sagen,
deckt sich mit radikalen Positionen
der zeitgenössischen Religionskritik.
Dies ist etwa dann der Fall, wenn
sie die göttlichen Verheißungen ein
»Gaukelspiel« (I, S. 158) nennen
und den Erfolg, den diese beim Protagonisten haben, auf dessen psy-
chische Verfassung zurückführen. Oder sie argumentieren ähnlich wie rund
ein Jahrzehnt zuvor der rebellische Prometheus in Goethes gleichnamigem
Gedicht, als er mit Zeus und seiner Sippschaft abrechnet. Die Freude, von der
das andere Gedicht spricht, steht in Zusammenhang mit optimistischen Vorstellungen der einflussreichen englischen Moralphilosophie. Das Hohelied der
Freundschaft, das Schiller singt, findet einschließlich seiner weinseligen Kom-
ponente ein Vorbild in Ausprägungen eines literarischen und zum Teil auch
im Alltagsleben verwurzelten Freundschaftskults, der in der Empfindsamkeit,
im Sturm und Drang und speziell etwa im Göttinger Hain zu beobachten ist.
Für diesen Dichterbund stehen Autoren wie Ludwig Christoph Heinrich Hölty (1748–1776), Heinrich Christian Boie (1744–1806) und Schillers späterer
Freund Johann Heinrich Voß.

Die Forschung hat beide Gedichte in Zusammenhang gebracht mit jeweils aktuellen persönlichen Erfahrungen ihres Autors: In *Resignation* – einem Werk, das sich ja als autobiografische Bilanz seines Sprechers geriert – machten sich, wenn auch sehr verklausuliert, die Enttäuschungen des Mannheimer Theaterdichters Schiller sowie die heikle Beziehung zu der verheirateten Charlotte von Kalb bemerkbar. *An die Freude* hingegen wurde von der Aufbruchsstimmung getragen, die Schiller anfänglich im neuen Freundeskreis um Körner empfand.

Biografische
Hintergründe

Diese Deutung klingt plausibel, aber schon im Hinblick auf die gerade genannten übergreifenden kultur- und literaturgeschichtlichen Zusammenhänge muss man die konträre Tendenz der beiden Gedichte auch in einem größeren Rahmen sehen. Schiller war, wie die Lektüre seiner Dramen zeigt, durchaus geneigt und in der Lage, bestimmte Sachverhalte im Hinblick auf die schroffen Gegensätze zu bedenken, die sie auszeichnen. Auf Karl Moor in *Die Räuber* etwa konzentriert er die attraktiven Seiten des kraftgenialischen Individuums und stellt dieses Verhalten doch zugleich so radikal infrage wie nur denkbar. In *Resignation* und *An die Freude* geht es um elementare Fragen des menschlichen Lebens, um innerweltliches und jenseitiges Glück, um die Verheißungen des Glaubens und aufklärerisch fundierte Skepsis ihnen gegenüber. Schiller spielt hier also in zwei Texten die Möglichkeit völlig gegensätzlicher Perspektiven auf diese wichtigen Themen durch: In dem älteren Gedicht hat das einlinige Vertrauen auf religiöse Verheißungen ein Leben dominiert, das diesbezüglich mit einer schrecklichen Enttäuschung endet. Das jüngere hingegen preist die umfassenden Konsequenzen einer innerweltlich dominierten Lebenshaltung, die aber den Blick auf das – unter dieser Prämisse nun allerdings ganz anders gedeutete – Walten Gottes wie selbstverständlich einschließt. Für einen Dichter, der in der Umbruchsituation der damaligen Zeit einen Weg sucht zwischen dem Streben nach Freiheit und Selbstbestimmung und den Erfahrungen mit all den Hemmnissen, die ihm da entgegentreten, ist es nur konsequent, auch einmal derart konträr zu argumentieren und die

Aspekte der
Kohärenz

LYRIK

entsprechenden Ergebnisse ohne Versuch der Harmonisierung dann auch nebeneinander – wie gesagt: in demselben Heft der *Thalia* – zu publizieren.

Für spätere Editionen hat Schiller in beiden Fällen einige Kürzungen und Änderungen vorgenommen, wozu im ersten Fall beispielsweise der Verzicht auf die denkwürdige Gattungsbezeichnung im Untertitel gehört. Eine besonders folgenschwere Änderung ist bei *An die Freude* im siebten Vers der ersten Strophe zu entdecken: »Bettler werden Fürstenbrüder« (I, S. 168) verwandelt sich in »Alle Menschen werden Brüder« (I, S. 627). Indem Schiller die Andeutung einer sozialkritischen Implikation durch eine allgemeiner gehaltene Formulierung ersetzte, produzierte er den bis heute wohl bekanntesten Satz des Gedichts: »Alle Menschen werden Brüder« ist, seinem nicht nur für engagierte Feministinnen teilweise etwas kryptischen Sinngehalt zum Trotz, zu einer Redewendung geworden, die sich im kollektiven Bewusstsein fest verankert hat. So gab der in der zweiten Hälfte des 20. Jahrhunderts ungeheuer erfolgreiche Bestseller-Autor Johannes Mario Simmel (1924–2009), der seine Romane gern nach prägnanten literarischen Zitaten benannte, einem davon diese Formulierung als Titel (1967).

Während sich die Wirkungsgeschichte von *Resignation* nicht signifikant von der vieler anderer Gedichte Schillers unterscheidet, weist der Umgang mit *An die Freude* eine spektakuläre Besonderheit auf: Das große Publikum und die Experten haben es höchst unterschiedlich aufgenommen. Aufmerksame Betrachter mögen anhand dieses Beispiels ins Grübeln darüber geraten, wie es um das Verhältnis zwischen der allgemeinen Wertschätzung eines literarischen Werkes und den Maßstäben und Urteilen der Literaturkritiker und -historiker bestellt ist.

Das Gedicht erfreut sich seit jeher großer Popularität, aber schon Schiller selbst hat rückblickend seine Qualität in Zweifel gezogen: In einem Brief an Körner vom 21. Oktober 1800 erkennt er zwar, dass es sich »durch ein gewisses Feuer der Empfindung empfiehlt«, nennt es aber »durchaus fehlerhaft« und »ein schlechtes Gedicht« (I, S. 626). Viele Kommentatoren sind ihm darin gefolgt und haben sich ungewöhnlich zurückhaltend bis abwertend geäußert. Der letztlich doch recht simple gedankliche Gehalt, die Mischung aus donnerndem Pathos und der Beschwörung trunkener Geselligkeit – »Laß den Schaum zum Himmel sprützen« – sowie die oft reichlich kuriose, mit merkwürdigen Gedanken verbundene Reimgestaltung – »*Freude* sprudelt in Pokalen, / In der Traube goldnem Blut / Trinken Sanftmut Kannibalen« (I, S. 170) – wirken, bei allem Verständnis für das innerweltlich begeistert angestrebte Glück, eher suspekt. Norbert Oellers, einer der Herausgeber der Schiller-*Nationalausgabe*, nennt »die meisten Verse des schnell zusammengereimten, klingelnden Gedichts […] niveaulos« und Schillers »berühmtestes Gedicht […] zugleich auch eines seiner schlechtesten« (Oellers 2005, S. 341).

Dass eines der schlechtesten Gedichte Schillers zu seinem berühmtesten werden konnte, zu einem – wie Schiller selbst schon bemerkt hat – »Volksgedicht« (I, S. 626), hängt natürlich in erster Linie damit zusammen, dass zahlreiche Komponisten den Text in ein Lied verwandelt haben und er in dieser Form ein großes Publikum fand. Bis heute sind über hundert Vertonungen entstanden, die ersten noch zu Schillers Lebzeiten. Einige davon kursierten als Volkslied und fanden in dieser populären Form weiteste Verbreitung. Dass dann Beethoven Schillers Text nach langer Überlegung für das gesungene Finale seiner *neunten Symphonie* verwendete, war so etwas wie ein künstlerischer

Vertonungen

Oboenthema aus Beethovens Vertonung (1824) von Schillers *An die Freude*

Ritterschlag. Dieses 1824 uraufgeführte Werk zählt zu den beliebtesten, am häufigsten aufgeführten der klassischen Musik und wird auch in der populären Kultur immer wieder zitiert. So zähmt beispielsweise in dem Beatles-Film *Help!* (1965) der von einer gewaltigen Menschenmenge angestimmte Gesang Schiller'scher Verse einen kulturbewussten Tiger, der das Leben des Beatles-Schlagzeugers Ringo Starr gefährdet. Die Zeilen erklingen auch in der englischen Filmversion im Wortlaut des deutschen Originals – schließlich stammt der Tiger aus dem Zoo in Berlin. Zudem verbinden sich der Elan und die überbordend muntere Stimmung des Schiller'schen Textes im musikalischen Rahmen der Symphonie seit Langem mit dem Gedanken, es gehe darin vor allem um einen Aufbruch zur Freiheit, und mit diesem Akzent erhalten Schillers Worte immer wieder hohe politische Weihen. So hat Leonard Bernstein eine Aufführung des Werkes am 23. und 25. Dezember 1989 in Berlin anlässlich der Feierlichkeiten zum Fall der Berliner Mauer dirigiert und dabei wiederum die *Ode an die Freude* in eine *Ode an die Freiheit* umgewandelt. Schillers Gedicht ist zu einem Modellfall für die verschlungenen Pfade geworden, auf denen sich ein von den Kritikern skeptisch beäugtes ästhetisches Werk in ein weltweit umschwärmtes verwandeln kann.

3. Die Götter Griechenlands

In den Jahren, in denen sich Schiller hauptsächlich als Geschichtswissenschaftler betätigte, stagnierte seine Produktivität im Bereich der Lyrik. Zu den wenigen Ausnahmen gehört das Gedicht *Die Götter Griechenlands*, das er in regem Gedankenaustausch mit Wieland anfertigte und 1788 in dessen *Teutschem Merkur* veröffentlichte. Es umfasst 25 Strophen, die jeweils aus acht fünfhebigen trochäischen Versen mit Kreuzreimen gebildet werden.

Antike Mythen

Von der *Kindsmörderin* erscheint dieses Werk inhaltlich so weit entfernt, wie man es sich überhaupt nur vorstellen kann, aber auch von *Resignation* und *An die Freude* unterscheidet es sich deutlich. Ein großer Teil des Textes enthält nichts anderes als eine emphatische Huldigung an jene Welt, auf die der Titel verweist: an die der Mythen in der Kultur des antiken Griechenlands. Es ist eine Welt, die sich durch das harmonische Miteinander von göttlichen und menschlichen Wesen, von Kunst und Natur ausgezeichnet haben soll. Ein wunderbarer, aber längst vergangener Zustand wird herbeibeschworen, zu dessen Beschreibung am besten Adjektive wie »schön« – das gleich im ersten Vers und dann noch mehrfach auftaucht –, »lieblich«, »edel«, »himmlisch«, »seelenvoll«, »froh« usw. taugen. Mit einer fast schon lexikonartig anmutenden Reihung von Stichwörtern und Namen verweist der Autor auf zahllose einzelne Elemente jenes alten Kosmos. »Demeters Zähre« taucht ebenso auf wie »Arions Leier«, »der Ströme Silberschaum« und »Iris' schöne(r) Bogen« (I, S. 184f.), und auch an abstrahierenden Zusammenfassungen zu den uneingeschränkt positiven Erscheinungen verschiedenster Lebensbereiche fehlt es nicht: Es sei eine Zeit gewesen, »Da der Dichtkunst malerische Hülle / Sich noch lieblich um die Wahrheit wand!«, eine Zeit, da »Treue Liebe fand den treuen Gatten« (I, S. 184 und 187).

»Jetzt« (I, S. 184) freilich ist alles schlechter; der schönen alten Welt kontrastieren umfassende Eindrücke einer deprimierend anmutenden Gegenwart, die von der Seelenlosigkeit moderner Naturwissenschaften und menschlicher Vereinzelung dominiert wird. »Von jenem lebenswarmen Bilde« ist nur »das Gerippe« (I, S. 188) übrig geblieben; nunmehr gelten Etikettierungen wie »traurig«, »leer«, »fühllos«, »freundlos« und »ziellos« – »Wohin tret ich?« (I, S. 187). Verantwortlich für den derzeitigen katastrophalen Zustand ist im Wesentlichen, wie der Verfasser unumwunden feststellt, die Ersetzung der alten Götterwelt durch die christliche, monotheistisch geprägte Religion: »*Einen* zu bereichern, unter allen, / Mußte diese Götterwelt vergehn«; »Da die Götter menschlicher noch waren, / Waren Menschen

LYRIK

Giovanni Battista Tiepolo: Danae und Zeus, um 1736

117

göttlicher« (I, S. 188 und 190). Was in einer derart inhumanen und unpoetischen Zeit bleibt, ist nur die vage Hoffnung, es möge sich noch einmal alles ändern: »Kehre wieder, / Holdes Blütenalter der Natur!« (I, S. 188).

Die Veröffentlichung dieses Gedichts erregte beträchtliches Aufsehen und zog eine heftige Kontroverse nach sich, in der Friedrich Leopold Graf zu Stolberg (1750–1819), ein dezidiert christlich gesinnter Schriftsteller, Schiller ein gotteslästerliches Verhältnis zu den Aufgaben der Poesie vorhielt. Als Schiller den Text einige Jahre später überarbeitete, kürzte er ihn und milderte ein wenig die Kritik am Christentum.

Auch wenn Schillers Darstellung sich im Einklang mit einem seinerzeit weit verbreiteten Bild der griechischen Mythologie befindet, wird man nicht unterstellen dürfen, er habe uneingeschränkt an die Existenz einer Ära der Menschheitsgeschichte geglaubt, in der es buchstäblich so zugegangen ist wie in seinen Schilderungen. Was er skizziert, ist ein Ideal, vielleicht kann man auch sagen: eine Utopie, eine rückwärtsgewandte, von großen Traditionen getragene Utopie, deren vorrangige Funktion darin besteht, dass in ihrem Lichte die unerquicklichen Seiten der Gegenwart – und nicht zuletzt die Situation der Dichter darin – umso deutlicher hervortreten. So wie andere literarische Texte der Zeit mit der Figur des edlen Wilden eine bessere Alternative zum Leben in einer vielfältig korrumpierten europäischen Kultur entwarfen, um dieser den Spiegel vorzuhalten, so skizzierte Schiller in *Die Götter Griechenlands* Verhältnisse, anhand deren die Zwänge und Misslichkeiten seiner Zeit erst recht Konturen gewannen. Dazu steht nicht im Widerspruch, dass der Gedanke an einen ästhetisch-harmonischen Weltzustand, wie Schiller ihn der griechischen Antike zuschreibt, bestens zu den ambitionierten Vorstellungen seiner späten Ästhetik passt.

4. Die Bürgschaft

Ob auch die in den letzten Jahren des 18. Jahrhunderts verfassten Balladen zu Schillers ästhetischen Idealen dieser Zeit passen, mag man dagegen mit guten Gründen in Zweifel ziehen, denn sie vermitteln sehr konkrete, handfeste Lehren in einer schlichten Deutlichkeit, wie es eher die didaktischen Werke der früheren Aufklärung getan haben, beispielsweise Fabeln mit ihren unmissverständlichen Botschaften. *Die Bürgschaft* – erstveröffentlicht in dem von Schiller selbst herausgegebenen *Musen-Almanach für das Jahr 1799* und in die Ausgabe letzter Hand der Gedichte mit Veränderungen unter dem Titel *Damon und Pythias* aufgenommen – enthält ein gewaltiges Loblied auf den Wert und die Ausstrahlungskraft unverbrüchlicher Freundschaft.

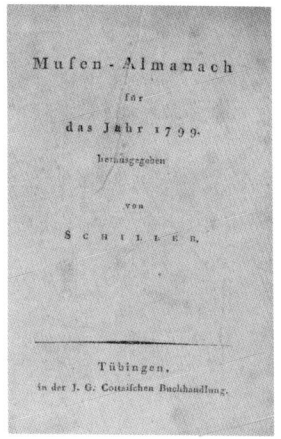

Titelseite des *Musen-Almanach für das Jahr 1799*

Der Stoff entstammt wiederum der antiken Mythologie. Ein Mann namens Möros – in der späteren Fassung Damon – will den Tyrannen Dionys töten, wird aber festgenommen und soll hingerichtet werden. Dionys gewährt ihm jedoch einen dreitägigen Aufschub, damit Möros noch seine Schwester verheiraten kann. Ein Freund von Möros liefert sich für diese Zeit Dionys aus und dient ihm als Pfand, als Bürge, der seinerseits hingerichtet werden soll, falls Möros nicht rechtzeitig zurückkehrt. Möros erreicht schnell sein familiäres Ziel, doch unvorhergesehene Ereignisse verzögern die Rückreise: Ein Unwetter zerstört die Brücke über einen Fluss, den er unbedingt überqueren muss, und das gelingt ihm schließlich nur durch todesmutiges Schwimmen; er wird überfallen von mehreren Räubern, die er teils tötet, teils in die Flucht

Illustration zu Schillers *Die Bürgschaft*, um 1825

treibt; brutale Sonnenhitze wirft den Erschöpften um, doch dann rettet ihn »ein lebendiger Quell« (I, S. 465). Zu der letztgenannten Passage hat übrigens der aufmerksame Leser Goethe in einem Brief vom 5. September 1798 angemerkt, es möchte »physiologisch nicht ganz zu passieren sein, daß einer, der sich an einem regnigen Tag aus dem Strome gerettet, vor Durst umkommen will« (I, S. 823). Als Möros die Heimat erreicht, wird ihm fälschlich berichtet, er komme zu spät, aber er setzt seinen Weg fort und trifft gerade noch rechtzeitig ein, bevor die Hinrichtung des Freundes vollzogen wird. Daraufhin erfasst eine tiefe Rührung alle Anwesenden, und auch der Herrscher kann sich ihr nicht entziehen: Er schenkt den beiden Freunden die Freiheit und bittet sie sogar, ihn als »Genossen« anzunehmen: »Ich sei, gewährt mir die Bitte / In eurem Bunde der Dritte« (I, S. 466).

Belehrende Spektakel

Der Text bietet in reichem Maße das, was man heute Action nennt. Er präsentiert spektakuläre Ereignisse, heroische Taten, große Gefühle, und die damit konturierte Geschichte soll offenbar in unwiderstehlicher Eindringlichkeit auf die Qualität wahrer Freundschaft verweisen. Das Konzept, Werte und Verhaltensweisen so zu propagieren, dass sich das Publikum gerade aufgrund ihrer drastisch zugespitzten Exemplifizierung von ihnen überzeugen lässt und sie dann hoffentlich auch in den weniger dramatischen Gegebenheiten des eigenen Alltagslebens praktiziert, ist nicht neu: Es verweist nicht nur auf die Szenarien der Fabeln, sondern auch auf literarische Verfahren, wie sie etwa Gellert Jahrzehnte vorher in seiner *Schwedischen Gräfin* praktiziert. In diesem Roman führen die Figuren mit der permanenten Bewältigung von Extremsituationen ebenfalls Verhaltensideale und Persönlichkeitskonzeptionen vor, die von der Leserschaft als grandioses Vorbild für den Umgang mit dem profaneren eigenen Alltag wahrgenommen werden sollen.

Man wird bei aller Anerkennung der sprachlichen Eleganz, des Klangreichtums und der rhythmischen Geschmeidigkeit des Schiller'schen Textes gewiss nicht zu dem Urteil gelangen, er beeindrucke das Publikum vor allem mit seinen formal-ästhetischen Qualitäten. Diese Feststellung gilt erst recht, wenn man bedenkt, dass er seine erzieherische Intention in der vorgestellten Handlung selbst spiegelt: In der abschließenden Reaktion des Herrschers auf das Verhalten der Freunde wird ja direkt vorweggenommen, was die Leser über Freundschaft denken und empfinden sollen. Dass große Vorbilder Wirksamkeit entfalten, ist Konzept und zugleich Gegenstand dieser Ballade.

Die Bürgschaft und ähnliche Werke haben Schillers Popularität in einem Maße gefördert wie sonst nur seine bekanntesten Dramen. Als Ideenballaden – ein von Schiller selbst inspirierter Begriff – vermitteln sie einerseits spannende Geschichten und andererseits das, was man höhere Werte nennt. Die Unterhaltungsfunktion, die eine Abenteuergeschichte in Versform erfüllt, verbindet sich mit dem Anspruch, auch hier über Grundfragen der menschlichen Existenz zu belehren, und der Umstand, dass gerade auch diese Texte in großer Zahl Formulierungen enthalten, die zu geflügelten Worten geworden sind – in *Die Bürgschaft* etwa »Und die Treue, sie ist doch kein leerer Wahn« (I, S. 466) –, vermindert nicht eben ihre Attraktivität.

Popularität

5. Das Lied von der Glocke

Dieses Gedicht, das in der Wirkungsgeschichte Schillers eine einzigartige Rolle gespielt hat, wurde erstmals im *Musenalmanach für das Jahr 1800* gedruckt. Auch hier geht es darum, dass die anschauliche Vermittlung eines bestimmten Ereignisses mit Darlegungen über allgemeine Aspekte des menschlichen Daseins verbunden wird: ein Verfahren, das für den Lyriker Schiller charakteristisch ist. Aber während *Die Bürgschaft* ein sehr spezifisch anmutendes Abenteuer und das begrenzte Thema der Freundschaft behandelt, greift die *Glocke* weit ins Grundsätzliche aus: Es geht nun in der Tat um nichts Geringeres als die aktuellen Umstände der menschlichen Existenz als solcher und ihre wünschenswerte Organisation im persönlichen wie im gesellschaftlichen Bereich. Der besondere Vorgang, mit dem die entsprechenden Darlegungen verknüpft werden, ist die mit vielen technischen Einzelheiten akribisch genau

geschilderte Herstellung einer Glocke, eines Gegenstands also, dessen Geläut den Menschen nach christlicher Tradition von der Geburt bis zum Tod auf allen wichtigen Lebensstationen begleitet. Kaum ein anderer Text Schillers entfernt sich so weit wie dieser von den frühen Schilderungen des persönlichen Strebens nach Eigenständigkeit. Man könnte aus einer anderen Perspektive auch sagen, dass in keinem anderen Text die Reflexion über die allgemeinen Voraussetzungen einer zufriedenstellenden Lebensführung derart intensiv in den Vordergrund gerückt werden.

Prachteinband zu Schillers *Das Lied von der Glocke*, um 1880

Die Ideale, die Schiller mit diesem in sprachlicher Hinsicht höchst abwechslungsreich gestalteten Werk herbeibeschwört, sind die einer wohlgeordneten bürgerlichen Gesellschaft. Die Aufgaben von Mann und Frau sind klar verteilt: »Der Mann muß hinaus / Ins feindliche Leben [...] Und drinnen waltet / Die züchtige Hausfrau« (I, S. 480). Auch heißt es: »Arbeit ist des Bürgers Zierde« (I, S. 486). Und überdeutlich wird, in einer weiteren Reaktion auf die Entwicklung der Französischen Revolution, die Angst vor Aufsässigkeit und Zügellosigkeit formuliert: »Wehe, wenn sie losgelassen« (I, S. 482). Den König, von dem ansonsten wenig die Rede ist, ehrt »seine Würde« (I, S. 486). »Zur Eintracht, zu herzinnigem Vereine« soll die Glocke aufrufen und auch daran erinnern, »daß nichts bestehet, / Daß alles Irdische verhallt« (I, S. 489). Prominente Formulierungen, die sich in jeder Sammlung wichtiger Zitate finden, gibt es in Hülle und Fülle, und manche davon enthalten Lebensweisheiten, deren schlichte Wucht keinen Widerspruch duldet: »Drum prüfe, wer sich ewig bindet!« (I, S. 480).

Bürgerliche Ideale

Aus heutiger Sicht erscheint die Wirkungsgeschichte dieses Gedichts möglicherweise interessanter als der Text selbst; sie ist zwar ähnlich extrem, aber doch ganz anders verlaufen als die von *An die Freude*. Einerseits ist *Das Lied von der Glocke* als kanonisches Werk des bürgerlichen Selbstverständnisses und als unabdingbarer Bestandteil klassischer Bildung in Deutschland verehrt worden. Der Grund ist darin zu sehen, dass man in ihm jene Ideale mit einzigartiger Präzision artikuliert fand, an denen sich über Jahrzehnte hinweg die bildungsbürgerlichen Kreise der Bevölkerung und alle die, die ihnen nacheiferten, orientierten. Demzufolge war es beispielsweise bis weit ins 20. Jahrhundert

Zwiespältige
Wirkungsgeschichte

LYRIK

hinein selbstverständlich, dass Schüler nicht nur der höheren Bildungsanstalten den ganzen langen Gedichttext auswendig lernten. Andererseits lag immer dann, wenn das Spießige und Reaktionäre im bürgerlichen Ordnungssystem zur Sprache kam, der Verweis auf Schillers Gedicht nahe: Die klischeehafte Festschreibung geschlechtsspezifischer Wesensmerkmale und daran geknüpfter sozialer Aufgaben sowie die erkennbar autoritätsfixierte Grundeinstellung zur politischen Ordnung galten als Musterbeispiel für das, was sich unter der Maske biederer Aufklärung einem wahrhaft fortschrittlich-emanzipatorischen Denken widersetzt. Der abschließende Appell in Bezug auf die Glocke, »Friede sei ihr erst Geläute« (I, S. 489), konnte unter diesen Vorzeichen als Aufruf zur Etablierung von Friedhofsruhe verstanden werden.

Die Kritik an der *Glocke* artikulierte sich in unterschiedlichster Form. Schon die Romantiker spotteten über sie. Gemäß der Einsicht, dass vom Erhabenen zum Lächerlichen oft nur ein Schritt ist, wurde das Gedicht häufiger als jedes andere Werk seines Verfassers zum Gegenstand von Parodien. Manchen gebildeten Schiller-Verehrern ist es geradezu peinlich erschienen. Auch gibt es Reaktionen, bei denen nicht recht klar wird, ob sie auf eine Huldigung oder eine Veralberung hinauslaufen: In Karl Mays Abenteuerroman *Im Lande des Mahdi* (1891–1893) konfrontiert der deutsche Held ostafrikanische Eingeborene mit einer lautstarken, von klamaukhaften Bewegungen unterstützten Rezitation des kompletten Gedichts, als sich ihm die Aufgabe stellt, er möge eine Rede halten, die zwar niemand verstehen muss, aber jeder für eindrucksvoll halten soll.

Ein Herstellungs-
fehler

Auch Schiller selbst hat schon, vermutlich unfreiwillig, ein wenig Sand ins Getriebe der eigenen Konstruktion gestreut: So sorgfältig er sich auch mit der Materie der Glockenherstellung befasst hat, so genau er den Vorgang in seinen technischen Details schildert – einen Ton gäbe die fertige Gedicht-Glocke nicht von sich, denn der Text sagt nichts darüber, dass sie auch mit einem Klöppel ausgestattet worden ist.

Ich, eine Rede! Dieser Gedanke war ganz vortrefflich. Ja, die Gohk sollten eine Rede hören! Je toller, desto besser; denn je unsinniger ich mich gebärdete, desto tiefern Eindruck mußte ich hervorbringen. Ich trieb also meinen Ochsen, ohne lange zu überlegen, zum raschesten Laufe an, jagte zehn-, zwanzigmal um den Anführer der Gohk herum und stieß dabei das wilde, schrille Kriegsgeheul der Komantschen und Apatschen aus, welches ich in Amerika so oft gehört hatte, sprang aus dem Sattel, ließ dann den Ochsen laufen, wohin er wollte und blieb vor dem ganz entzückt beobachtenden schwarzen Anführer stehen, schlug die Arme empor und begann mit weithin schallender Donnerstimme:

> „Festgemauert in der Erden
> Steht die Form aus Lehm gebrannt.
> Heute muß die Glocke werden;
> Frisch, Gesellen, seid zur Hand!"

So deklamierte, oder vielmehr schrie ich weiter, das ganze, lange Lied von der Glocke, bis zum Schlusse. O Schiller, du begeisterndster unter den Sängern, wäre es dir vergönnt gewesen, mich zu hören, so wärest du endlich, endlich einmal zu der Ueberzeugung gekommen, daß ich der einzige Sterbliche bin, der dich richtig verstanden hat und deine herrliche Dichtung durch die nötigen Kehl- und Gaumentöne aufs unvergleichlichste wiederzugeben vermag!

Ich blieb während der Deklamation keineswegs stehen, sondern ich sprang hin und her, warf bald das eine, bald das andere Bein empor, kauerte mich nieder, schnellte wieder auf, drehte mich wie ein Kreisel um mich selbst, raffte, als ich die letzten Zeilen ‚Freude dieser Stadt bedeute; Friede sei ihr erst Geläute‘ in das Weltall hineingeschrieen hatte, mein Gewehr wieder auf, rannte zu meinem Ochsen, welcher unfern stehen geblieben war, sprang auf seinen Rücken und jagte ihn, das vorhin erwähnte Kriegsgeheul wieder ausstoßend in wildem Laufe zwischen den beiden einander gegenüberstehenden Parteien einige Male hin und her, worauf ich endlich wieder an meinen erst eingenommenen Platz zurückkehrte.

Ausschnitt aus Karl Mays *Im Lande des Mahdi* (Montage)

LYRIK

VIII. Schriften zur Ästhetik

1. Über die ästhetische Erziehung des Menschen in einer Reihe von Briefen

Als Schiller in der ersten Hälfte der 1790er-Jahre eine großzügige finanzielle Unterstützung durch den Erbprinzen Friedrich Christian von Schleswig-Holstein-Augustenburg erhielt, dankte er seinem Mäzen mit einer Reihe von Briefen, in denen er auf hohem Abstraktionsniveau über die grundsätzliche Rolle der Kunst und Ästhetik in der Gesellschaft nachdachte. In überarbeiteter Form erschienen diese Briefe 1795 unter dem von Lessings geschichtsphilosophischem Werk *Die Erziehung des Menschengeschlechts* (1780) inspirierten Titel *Über die ästhetische Erziehung des Menschen in einer Reihe von Briefen*

Ludovike Simanowiz:
Friedrich Schiller, 1793/94

ÄSTHETIK

in *Die Horen*; in abermals veränderter Form wurden sie 1801 in den dritten Band von Schillers *Kleineren prosaischen Schriften* aufgenommen. Obwohl der

Text erkennbar fragmentarisch geblieben ist, erweist er sich als die umfangreichste theoretische Schrift zur Ästhetik, die Schiller je verfasst hat, und gilt zudem als instruktivste Darlegung dieser Art zu den Grundüberzeugungen der Weimarer Klassik. Wie es um das Schöne bestellt sei und wie es auf den Menschen wirke: Darüber ist damals von vielen reflektiert worden, und die genauere Analyse von Schillers Arbeit kann nachweisen, wie er – implizit oder explizit – auf die entsprechenden Darlegungen anderer Autoren, etwa Fichtes und Kants, reagiert und dabei ein eigenes Konzept zu entwickeln versucht.

Im Kern geht es ihm um zwei Problemkomplexe. Zum einen überlegt Schiller, wie es in seiner Zeit um den Menschen als individuelle Persönlichkeit und als Teil einer großen Gemeinschaft bestellt ist. Zum anderen denkt er mehr oder weniger systematisch darüber nach, welche Funktion in diesem Zusammenhang die Kunst beziehungsweise das Schöne, das für ihn Zentrum und Ziel künstlerischen Bemühens bildet, erfüllen soll und vielleicht einmal erfüllen wird. Dass auch in diesem Text der Gedanke, wie der Mensch mit den ihn bedrängenden Grenzen und Einschränkungen umgehen kann, maßgeblich ist, wird nicht nur daraus ersichtlich, dass das Wort Freiheit an zentraler Stelle immer wieder auftaucht. Die folgenden Zitate entstammen der Textfassung von 1795.

Der Mensch dieser Zeit

Schillers Erkenntnisse zur Befindlichkeit seiner Zeitgenossen fallen verheerend aus. Während er rückblickend in Bezug auf »die Griechen« von »einer herrlichen Menschheit« (VIII, S. 318) spricht, also Idealvorstellungen mobilisiert, die wir schon aus seinem Gedicht *Die Götter Griechenlands* kennen, wirkt alles, was er zur Gegenwart sagt, düster und deprimierend. »In den niedern und zahlreichern Klassen stellen sich uns rohe gesetzlose Triebe dar, die sich nach aufgelöstem Band der bürgerlichen Ordnung entfesseln, und mit unlenksamer Wut zu ihrer tierischen Befriedigung eilen«. Hier fasst der Autor seine Eindrücke von der Entwicklung der Französischen Revolution ins Auge. Aber auch mit denen, gegen die sich solch fehlgeleitete Empörung richtet, verhält es sich nicht besser, denn »die zivilisierten Klassen [geben uns] den noch widrigern Anblick der Schlaffheit und einer Depravation des Charakters« (VIII, S. 316); sie erscheinen Schiller also als moralisch verfallen. Das alles hat die schrecklichsten Folgen für »unser freies Urteil […] unser Gefühl […] unsern Willen« (VIII, S. 317). Was den ästhetischen Bereich betrifft, so »hat das geistige Verdienst der Kunst kein Gewicht«; vielmehr ist »der *Nutzen* […] das große Idol der Zeit, dem alle Kräfte fronen und alle Talente huldigen sollen« (VIII, S. 308). Unter diesen Umständen »bildet sich der Mensch selbst nur als Bruchstück aus, ewig nur das eintönige Geräusch des Rades, das er umtreibt, im Ohre, entwickelt er nie die Harmonie seines Wesens, und anstatt die Menschheit in seiner Natur auszuprägen, wird er bloß zu einem Abdruck seines Geschäfts« (VIII, S. 320).

»Kunst ist eine Tochter der Freiheit« (VIII, S. 308), erklärt Schiller gleich im zweiten der insgesamt 27 Briefe und verweist damit auf jene Kraft, in der er das Gegenmittel zu all den unerfreulichen Aspekten des Ist-Zustands erblickt. Dem Künstler obliegt es, sich »den Verderbnissen seiner Zeit, die ihn von allen Seiten umfangen«, zu entziehen. Er tut dies, indem er »aufwärts nach seiner Würde und nach dem Gesetz [blickt]« (VIII, S. 330), sich also bei seiner Tätigkeit ganz und gar an ästhetischen Prinzipien orientiert statt an den Reizen von Tagesaktualitäten oder – wie die Didaktiker der früheren Aufklärungsliteratur – am kurzfristigen Wirkungskalkül. Auf diese Weise entsteht etwas im besten Sinne Schönes, das die miteinander im Konflikt befindlichen sinnlichen und geistigen Kräfte des Menschen harmonisch ins Gleichgewicht bringt. Schiller argumentiert mit verschiedenen menschlichen Trieben, die er Sachtrieb und Formtrieb nennt: Der Sachtrieb hat es in erster Linie zu tun mit der sinnlichen Natur des Menschen, der Formtrieb dagegen mit seinem Gestaltungswillen. Die gefährliche Einseitigkeit dieser Triebe kann durch den von der Macht der Schönheit gestützten Spieltrieb überwunden werden. In diesem Zusammenhang fällt der viel zitierte Satz: »Der Mensch spielt nur, wo er in voller Bedeutung des Worts Mensch ist, und *er ist nur da ganz Mensch, wo*

ÄSTHETIK

er spielt« (VIII, S. 355). In einer komplizierten und, wie schon angedeutet, nicht ganz zu Ende gedachten Argumentation legt Schiller dar, wie man sich diese Prozesse im Einzelnen vorstellen kann, und führt dabei eine Reihe weiterer, dualistisch geordneter Begriffe an, die häufig in einem ähnlichen Spannungsverhältnis zueinander stehen wie der Form- und der Sachtrieb. Entscheidend ist, dass die Macht künstlerischer Schönheit den Menschen aus den eigenen und den äußeren Einschränkungen löst, dass ihm

William Beechey: Die Oddie-Kinder, 1789

»durch die ästhetische Kultur […] die Freiheit, zu sein, was er sein soll, vollkommen zurückgegeben ist« (VIII, S. 374). Auf die abschließende Frage, ob der ins Auge gefasste »Staat des schönen Scheins« denn auch bereits existiere, antwortet Schiller, »dem Bedürfnis nach« existiere »er in jeder feingestimmten Seele, der Tat nach möchte man ihn wohl nur, wie die reine Kirche und die reine Republik, in einigen wenigen auserlesenen Zirkeln finden« (VIII, S. 408).

Wirkungsgeschichte Die Wirkungsgeschichte dieses Textes ähnelt in ihrer Widersprüchlichkeit der polaren Konstellation, mit der Schiller bei vielen seiner Begriffe operiert. Als Beobachter seiner Zeit, als scharfsichtiger Diagnostiker miserabler gesellschaftlicher Zustände mit den entsprechenden Konsequenzen für die ‚bruchstückhafte‘ Befindlichkeit des Einzelnen hat er viel Zustimmung erfahren; man erklärte ihn gar zum Wegweiser für die gesellschaftskritischen Einsichten eines Karl Marx und zahlreiche Befunde, die Soziologen späterer Jahrhunderte zum heiklen Status des modernen Menschen erarbeitet haben. Ganz anders steht es um das ästhetische Therapeutikum, auf das Schiller mit großem Optimismus setzt: Es ist, als Darlegung zu den Grundüberzeugungen der Weimarer Klassik, unter den schon am Ende des vierten Kapitels erläuterten Vorzeichen auf mancherlei fundamentale Skepsis und Kritik gestoßen. Darüber hinaus wurde den *Briefen* gedankliche Inkonsequenz nachgesagt: Schiller gehe gar zu freizügig mit seinen Begriffen um, indem er etwa von der Natur, ganz nach den Bedürfnissen des jeweiligen Argumentationszusammenhangs, mal mit dieser, mal mit einer entgegengesetzten Konnotation spreche. Auch stehe ersichtlich eine hochgradig autoritäre bzw. elitäre Vorstellung von der Regelung sozialer Verhältnisse Pate, die nach der Rolle jener nicht frage, bei denen der Spieltrieb in seiner ambitionierten Ausprägung nicht angemessen zum Zug kommen könne. Unter diesem Aspekt hat man das Ganze auch gelesen als ein Bewerbungsschreiben zum Eintritt in die Gesellschaft der Geistesheroen von Weimar, in den herausragendsten unter jenen »wenigen auserlesenen Zirkeln [...], wo nicht die geistlose Nachahmung fremder Sitten, sondern eigne schöne Natur das Betragen lenkt, wo der Mensch durch die verwickeltste Verhältnisse mit kühner Einfalt und ruhiger Unschuld geht, und weder nötig hat, fremde Freiheit zu kränken, um die seinige zu behaupten, noch seine Würde wegzuwerfen, um Anmut zu zeigen« (VIII, S. 408)

2. Über naive und sentimentalische Dichtung

Noch während der Arbeit an den *Briefen* zur ästhetischen Erziehung machte sich Schiller erste Gedanken über eine Abhandlung zum Naiven in der Kunst. Diese schrieb er dann in einzelnen Teilen, ohne bereits auf eine fertige Konzeption für das immer umfangreicher ausfallende Ganze zurückgreifen zu können, und veröffentlichte das jeweils Vorliegende nacheinander in den *Horen* Ende 1795 / Anfang 1796, also einige Monate nach den *Briefen*. Eine geringfügig veränderte Version erschien 1800 im zweiten Band der *Kleineren prosaischen Schriften*.

Im heutigen Sprachgebrauch haben die beiden Adjektive des Titels einen eher abwertenden Klang: Naives Denken gilt in der Regel als sehr schlichtes, einfaches, vielleicht zu einfaches Denken, und mit dem Wort sentimentalisch assoziiert man schnell Begriffe wie rührselig oder kitschig. Man kann nicht sagen, dass diese Konnotationen rein gar nichts mit Schillers Verwendung der Wörter zu tun haben, aber er setzt dabei doch entschieden positivere Akzente.

Es geht ihm um zwei deutlich zu unterscheidende Typen des Dichters und der von ihnen geschaffenen Werke: »Alle Dichter, die es wirklich sind, werden, je nachdem die Zeit beschaffen ist, in der sie blühen, oder zufällige Umstände auf ihre allgemeine Bildung und auf ihre vorübergehende Gemütsstimmung Einfluß haben, entweder zu den *naiven* oder zu den *sentimentalischen* gehören« (VIII, S. 452). Gemeinsam haben beide das Ziel, sich poetisch mit der Wirklichkeit zu befassen. Der naive Dichter tut dies intuitiv und instinktiv, direkt, ohne komplizierte gedankliche Umwege, und er rührt sein Publikum »durch Natur, durch sinnliche Wahrheit, durch lebendige Gegenwart« (VIII, S. 458). Dem sentimentalischen Dichter hingegen ist diese Unmittelbarkeit nicht gegeben; er muss reflektieren »über den Eindruck, den die Gegenstände auf ihn machen«. Schiller spricht von einer »Idee« (VIII, S. 461), auf die die sentimentalische Dichtung ihre Gegenstände bezieht. Man mag spontan vermuten, er fasse mit dieser Unterscheidung insbesondere fundamentale Unterschiede zwischen antiker und zeitgenössischer Literatur ins Auge, und das ist wohl auch nicht ganz unzutreffend; aber Schiller hebt hervor, dass eine reinliche Trennung unter historischen Vorzeichen nicht möglich ist, dass es also in neuer Zeit naive und unter den Griechen und Römern sentimentalische Dichter gegeben hat und dass man sogar bei »demselben Dichter« und »in demselben Werke« (VIII, S. 458) – er nennt als Beispiel Goethes *Werther*-Roman – beide Typen verbunden findet.

Eine Vielzahl weiterer Überlegungen schließt sich an. Schiller differenziert zwischen verschiedenen »Empfindungsarten« (VIII, S. 462) bei den sen-

Jean-Honoré Fragonard: Inspiration, 1769　　Jean-Honoré Fragonard: Lesende Frau, 1770–1772

timentalischen Dichtern und bespricht im Hinblick auf seine Konzeption verschiedene Erscheinungen der Literaturgeschichte, wobei einzelne Autoren ebenso behandelt werden wie literarische Gattungen, unter denen die damals außerordentlich populäre Spezies der Idylle besondere Aufmerksamkeit findet. Wenn er sich über »ästhetische Werke« äußert, die man »bloß schreibt, um zu gefallen, und bloß liest, um sich ein Vergnügen zu machen« (VIII, S. 481), meint man einen der neueren Germanistik entstammenden Beitrag zur Kritik der Unterhaltungsliteratur und zu Fragen literarischer Wertung vor sich zu haben, und am Schluss setzt sich der Verfasser ausgesprochen polemisch mit Teilen der zeitgenössischen Literatur auseinander.

Manches, was sich zu den Ästhetik-Briefen anmerken lässt, kann im Zusammenhang mit dieser Abhandlung wiederholt werden. Wieder greift Schiller mit der Ambition, seinerseits neue Akzente zu setzen, ein unter den Zeitgenossen vieldiskutiertes Problem auf: Über das Naive als ästhetische Kategorie wurde damals intensiv nachgedacht, ebenso – unter dem Stichwort ,Querelle des Anciens et des Modernes' – über mögliche grundsätzliche Unterschiede zwischen der antiken und der neuen Literatur. Ein weiteres Mal argumentiert der Autor mit Begriffspaaren, deren Bestandteile einander entgegensetzt sind: naiv und sentimentalisch, satirisch und elegisch – das sind Typisierungen innerhalb der sentimentalischen Dichtung –, und am Ende grenzt er noch Idealisten und Realisten voneinander ab. Auch hat man wiederum die Tragfähigkeit seiner Kategorisierungen in Zweifel gezogen und darauf verwiesen, dass Argumentation und Begriffsverwendung nicht immer konsequent erscheinen – möglicherweise aufgrund der unsystematischen Planung des Textes. So mache sich etwa im Fortgang der Darlegungen eine nicht unbedingt gut begründete Verschiebung in der Wertschätzung der titelgebenden Typen von Dichtung und Dichtern bemerkbar. Kaum bestritten wird jedoch, dass manches, was Schiller sich zurechtlegt, außerordentlich zukunftsweisend anmutet, beispielsweise seine Hinweise auf die problematischen Seiten des Reflexionszwangs, dem moderne Dichter ausgesetzt sind.

Positions-
bestimmung

Schiller schrieb diesen Text in jener Phase seines Lebens, da er sich nach einer längeren Unterbrechung allmählich wieder stärker literarischen Projekten im engeren Sinne zuzuwenden begann: Das sogenannte Balladenjahr (1797) folgte bald und mit dem *Wallenstein* dann auch, nach mehr als zehnjähriger Pause, ein neues, dazu noch äußerst umfangreiches Drama. Unter diesen Umständen muss man *Über naive und sentimentalische Dichtung* auch als indirekte Bestimmung der eigenen literarischen Position verstehen, als Versuch, im Rahmen grundsätzlicher Überlegungen zum Wesen der Literatur den Standort des nun wieder aktiveren Dichters Friedrich Schiller zu fixieren. Hierzu passen die stellenweise aggressiven Formulierungen gegen jene Art zeitgenössischer Literatur, die ihm unzulänglich erscheint. So ist einmal von »unsäglichen Platituden« (VIII, S. 499) die Rede, und zwar mit derart präzisen Angaben, dass die angesprochenen Autoren, auch wenn keiner von ihnen namentlich genannt wird, sich nicht darüber im Zweifel befinden können, wer gemeint ist.

Nicht zuletzt lässt sich die ganze Abhandlung auch als Versuch Schillers interpretieren, die eigene literarische Tätigkeit und diejenige Goethes vergleichend nebeneinander zu stellen: Der ältere, stets von großem Vertrauen in die Kraft seiner Intuition getragene Autor wäre, alles in allem, eher dem Typus des naiven Dichters zuzuordnen, Schiller selbst aber dem des sentimentalischen. Das ist natürlich ein kompliziertes und potenziell Anstoß erregendes Thema: Die beiden Koryphäen waren immer auch, ihrer freundschaftlichen Verbundenheit und ihrer Kooperation zum Trotz, so etwas wie Rivalen. Wenn Schiller zunächst lautstark das Loblied auf den naiven Dichter singt, dann aber – manchmal fast unmerklich und gedanklich eben auch nicht immer konsequent – dazu übergeht, den sentimentalischen als den der Gegenwart angemesseneren zu beschreiben, so ist dies also wohl auch eine Folge des Versuchs, taktvoll und ohne Provokation mit dem heiklen Komplex umzugehen und dabei die eigene Arbeitsweise und ihre Ergebnisse dennoch ins rechte Licht zu rücken.

Goethe und Schiller

ÄSTHETIK

IX. Historische Schriften: Geschichte des Dreißigjährigen Kriegs

Dass Schiller sich grundsätzlich und über seine zeitweilige Tätigkeit als professioneller Historiker hinaus stets in hohem Maße für historische Themen und Probleme interessiert hat, geht aus seinen literarischen Arbeiten deutlich hervor – verwiesen sei noch einmal auf den Inhalt der meisten seiner Dramen. Zu einer Reihe von Publikationen, die man als geschichtswissenschaftlich im engeren Sinne bezeichnen darf, führte dieses Interesse in den 1780er- und 90er-Jahren. Vor allem drei von ihnen haben besondere Beachtung gefunden. In *Was heißt und zu welchem Ende studiert man Universalgeschichte* (1789), der mit großem Beifall aufgenommenen Antrittsvorlesung in Jena, reflektierte Schiller darüber, wie der Historiker die geschichtliche Entwicklung im Hinblick auf Fortschritte zu einer stärker zivilisierten und kultivierten Menschheit durchleuchten könne. Es geht hier also nicht um die Erforschung eines speziellen historischen Themas, sondern um einen Beitrag zur Theorie geschichtswissenschaftlichen Arbeitens. In der *Geschichte des Abfalls der vereinigten Niederlande von der spanischen Regierung* (1788) befasste Schiller sich weiter mit jenem Stoff, der ihn schon in *Don Karlos* beschäftigt hatte, und in der *Geschichte des Dreißigjährigen Krieges* (1791–1793) mit dem gewaltigen historischen Komplex, der später seiner *Wallenstein*-Trilogie zugrunde lag.

Schiller als Historiker

HISTORIE

Schiller verfasste diesen Text, der ursprünglich als kleiner Beitrag geplant war und dann immer umfangreicher geriet, als Auftragsarbeit für Georg Joachim Göschen (1752–1828), einen der wichtigsten Verleger der Weimarer Klassik; er erschien in drei Jahrgängen des *Historischen Calenders für Damen.* Diese Publikationsform, die neben dem Kalendarium Texte belehrender und unterhaltender Art enthielt, war damals außerordentlich beliebt, und so lockte Göschen in der Hoffnung auf entsprechende Verkäufe seinen Autor mit einem ansehnlichen Honorar. Eine detaillierte Analyse müsste genau prüfen, inwiefern sich Schiller stilistisch und in der gewählten Argumentationsweise auf sein in diesem Fall erst einmal überwiegend weibliches Publikum einzustellen versuchte.

Georg Joachim
Göschen

Schiller beginnt seine Darlegungen mit der Feststellung, dass alle bedeutenden neueren Ereignisse »in der politischen Welt Europens« letztlich eine direkte oder indirekte Folgeerscheinung der Reformation seien. In diesem Zusammenhang verwendet er den bemerkenswerten und durchaus parteiischen Begriff »Glaubensverbesserung« (IX, S. 303). Er erläutert die Vorgeschichte des Krieges und dessen frühe Phase und konzentriert sich dann, im mittleren Teil des Werkes, ausführlich auf die Aktivitäten zweier zentraler Kontrahenten, des schwedischen Königs Gustav Adolf auf protestantischer und des Grafen Albrecht von Wallenstein auf kaiserlichkatholischer Seite. Es geht also um die Jahre 1620 bis 1634; die Ereignisse, die sich nach dem Tod Gustav Adolfs (1632) und Wallensteins (1634) bis zum Ende des

Johann Walter: Gustav Adolf in der Schlacht von
Breitenfeld, 1632

Krieges abspielen, fasst der Autor dagegen relativ knapp zusammen. Noch weniger Beachtung findet der Westfälische Frieden (1648): Schiller nennt ihn zwar »das interessanteste und charaktervollste Werk der menschlichen Weisheit und Leidenschaft«, spricht von einem »berühmten, unverletzlichen und heiligen Frieden« (IX, S. 691 und 690), verzichtet aber mit Hinweis auf die notwendigen Grenzen der Publikation auf jede weitere Erläuterung.

Im Kapitel über den *Verbrecher aus Infamie* wurde darauf hingewiesen, dass Schiller nicht eben intensiv als Autor im Bereich der erzählenden Gattungen hervorgetreten ist. Diese Feststellung gilt uneingeschränkt im Hinblick auf fiktionale Texte. Man muss sie jedoch relativieren, wenn man an seine historischen Publikationen denkt, denn die meisten von ihnen zeichnen sich – im Einklang mit den seinerzeit dominierenden Formen geschichtswissenschaftlichen Schreibens – durch eine epische Darstellungsweise aus. Die hier zu besprechende bildet keine Ausnahme: Der Autor erzählt und kommentiert die historischen Ereignisse ganz überwiegend mit dem aus vielen Romanen bekannten Gestus eines auktorialen Erzählers, der über alles, was er zu schildern hat, bestens informiert ist und auch alles kompetent zu deuten vermag. Dazu gehört es, dass er größere Zusammenhänge knapp und deutlich rekapituliert und mit unmissverständlichen Thesen erklärt. So erläutert er gleich zu Beginn seine Beobachtungen über die großen, lang anhaltenden Folgeerscheinungen der Reformation damit, dass sich mit dem religiösen Ereignis schnell »der Privatvorteil« und »das Staatsinteresse« (IX, S. 304) vieler Beteiligter verbunden hätten und erst auf dieser Basis die gewaltige Wirkung entstanden sei.

Das Publikum begegnet einer Vielzahl mehr oder weniger präzise beschriebener Figuren, bei denen man zwischen Haupt- und Nebenrollen sowie auch hinsichtlich ihrer sympathischen und unsympathischen Seiten unterscheiden kann. Es erfährt einiges darüber, was sie empfinden, denken, anstreben und konkret unternehmen, und wird Zeuge, wie sich aus kollidierenden Interessen, Intentionen und Aktivitäten die Kriegsereignisse entwickeln. Die Argu-

Der Historiker als Erzähler

Bausteine des Erzählens

HISTORIE

mentation mit psychologischen Mechanismen spielt eine große Rolle. So wird einmal ein politischer Vorgang als eine »Beleidigung« begriffen, die »zu schwer [war], um vergeben zu werden«, und der Betroffene reagiert, wie das Publikum nun leicht nachvollziehen kann, mit einem »unauslöschlichen Haß«, mit »Schmerz und Unwillen« (IX, S. 334). Die Berufung auf Weisheiten von geradezu anthropologischer Geltung kann historische Ereignisse verständlicher machen: »Nur gegenwärtige Vorurteile, oder gegenwärtige Übel sind es, welche das Volk in Handlung setzen« (IX, S. 309). Der Versinnlichung des Geschehens dient es, dass sich die Handelnden manchmal in wörtlicher Rede äußern. Geschickt wird an die Vorstellungskraft der Leserschaft appelliert: »Unverzeihliche Sorglosigkeit würde es gewesen sein, in dieser gefahrvollen Lage sich müßig zu verhalten« (IX, S. 409) Viele Ereignisse werden im Sinne der Anschaulichkeit mit großer Präzision vermittelt: »Gleich nach dieser glücklichen Aktion setzte Gustav Adolf das Geschütz und den größten Teil der Truppen über den Fluß, und belagerte Oppenheim, welches nach einer verzweifelten Gegenwehr am achten Dezember 1631 mit stürmender Hand erstiegen ward« (IX, S. 504). Große Worte mit wertender Tendenz, wie man sie aus heutiger Sicht tatsächlich eher in einem historischen Roman erwartete, scheut der Verfasser nicht: »Hinter den Pyrenäen wurde von unwissenden Mönchen und ränkevollen Günstlingen Europens Schicksal gesponnen« (IX, S. 391). Sprachliche Pointierungen dienen der zusätzlichen Verdeutlichung: »Indem Ferdinand alles tat, seine mißlichen Umstände zu verbessern, unterließ Friedrich nichts, seine gute Sache zu verschlimmern« (IX, S. 380). Als der schwedische König und Wallenstein ins Geschehen eingreifen, nimmt das Ganze zeitweise fast die Züge eines Zweikampfs an und damit die einer literarisch überaus traditionsreichen Konstruktion. Wallenstein erscheint als eine beeindruckende, aber auch zwiespältige Gestalt; dass Schiller ihm hier dennoch eindeutigere Konturen verleiht, als er es in seiner Dramentrilogie tun wird, wurde bereits gesagt.

Johann Philipp Abelin: Verwüstung Magdeburgs im Jahr 1631 (sogenannte: Magdeburger Hochzeit), 1659

Einige Passagen ragen besonders heraus. Von Beginn an ist nicht zu übersehen, Exponierte Textstellen dass der Autor kein Freund der Gewalttaten ist, die er kontinuierlich schildern muss: eine Aufgabe, die er meistens eher dezent und diskret erledigt. Bei der Schilderung der Eroberung Magdeburgs durch die kaiserlichen Truppen setzt er jedoch einen anderen Akzent, und die Abneigung gegenüber der Gewalt steigert sich zur anschaulichen Skizze einer »Würgeszene [...], für welche die Geschichte keine Sprache, und die Dichtkunst keinen Pinsel hat«: In wenigen Sätzen verweist der Berichterstatter auf furchtbare Gräueltaten an der Zivilbevölkerung, die mit Billigung des verantwortlichen Heerführers begangen werden; mit den Worten »der Soldat muß für seine Arbeit und Gefahr etwas haben« (IX, S. 463) formuliert der Bösewicht sogar noch eine Begründung für seine Haltung.

Unter anderen Vorzeichen fällt es auf, wenn der Berichterstatter über die eigene Arbeit reflektiert. Das geschieht in zweierlei Hinsicht. Zum einen verweist er gelegentlich auf Ungewissheiten, die sich aus den Leerstellen, Widersprüchen oder Einseitigkeiten der verfügbaren historischen Quellen ergeben: »Schwer ist es, aus dem Geschrei erhitzter Parteien die Stimme der Wahrheit zu unterscheiden« (IX, S. 408). Zum anderen bringt er die besonderen Publikationsbedingungen des vorliegenden Werkes zur Sprache: »Da die engen Grenzen dieser Schrift mir keine ausführliche Darstellung mehr erlauben, und ich es nicht wagen darf, die Gefälligkeiten meiner Leserinnen durch eine dritte Fortsetzung zu mißbrauchen« (IX, S. 633), werde der Rest der Kriegsereignisse in stark geraffter Form vermittelt.

Der Sinn der Geschichte

Im Hinblick auf die hehren Ideale, die Schiller in seiner Jenaer Antrittsvorlesung dem Wirken des Historikers zuschrieb, stellt sich die Frage, wie es in diesem Fall um das teleologische Prinzip bestellt ist: Lassen sich die geschilderten Ereignisse im Sinne einer Humanisierung der Verhältnisse in Europa deuten? Indem Schiller im Zusammenhang mit der Reformation von einer »Glaubensverbesserung« (IX, S. 303) spricht, die kriegerischen Taten auf katholischer Seite oft in ein düstereres Licht rückt als die ihrer Gegner und den schwedischen König durchweg freundlicher beurteilt als seinen großen Kontrahenten, deutet sich an, dass seine Sympathie grundsätzlich den Verfechtern der Reformation gilt und er die Errungenschaft religiöser Freiheit, um die sie sich mit einigem Erfolg bemühen, als fundamentalen Fortschritt zu verbuchen geneigt ist. Aber konsequent erscheint die Darstellung in dieser Hinsicht dann doch nicht: Schiller ist redlich genug, auch auf der Seite der Reformationskräfte vieles zu entdecken, was zu einer Relativierung ihrer positiven Beurteilung führen muss. Das reicht von dubiosen Motiven der Beteiligten bis zur Art der Kriegsführung. Die kurze Behandlung der letzten Kriegsjahre und des Friedensschlusses versperrt dem Autor dann endgültig die Möglichkeit, zu einem umfassend und überzeugend begründeten Gesamturteil zu gelangen. Für freudige Gedanken zum Fortschritt der Menschheit gibt das Thema offensichtlich nicht so viel her, wie sich der optimistische Aufklärer Schiller ursprünglich erhofft haben mag. Überhaupt führt der Blick, den Schiller in seinen späten Jahren auf historische Ereignisse wirft, nicht zu den konstruktiven Ergebnissen, auf die er in seiner Antrittsvorlesung gehofft hat.

Die *Geschichte des Dreißigjährigen Krieges* ist die meistgelesene historische Darstellung Schillers. Sie stieß aber bei den Vertretern des Fachs Geschichte lange Zeit auf wenig Resonanz und stand für viele Germanisten im Schatten des *Wallenstein*-Dramas. In jüngster Zeit, da in den traditionellen geisteswissenschaftlichen Fächern zunehmend interdisziplinäre Perspektiven favorisiert werden, hat das Werk im Hinblick auf die genannten Probleme, die den Horizont einer einzelnen, eng definierten Disziplin weit überschreiten, zunehmend Aufmerksamkeit gefunden.

Wirkung

HISTORIE

X. Der Briefwechsel mit Goethe

Im heutigen Zeitalter allgegenwärtigen Telefonierens und weltweiter Internet-Kommunikation kann man sich kaum noch vorstellen, welche Rolle das Briefeschreiben einst gespielt hat. Es war viele Jahrhunderte lang die einzige Form, in der Personen, die sich an unterschiedlichen Orten aufhielten, einigermaßen unmittelbar und ausführlich miteinander kommunizieren konnten, und

Briefe im 18. und 19. Jahrhundert

wurde dementsprechend intensiv betrieben. Als Hoch-Zeit des Briefs gelten das 18. und 19. Jahrhundert; über zahlreiche Elemente in deren Kultur- und Alltagsgeschichte lässt sich mithilfe von Briefen viel in Erfahrung bringen. Wer sich mit diesem Thema beschäftigt, stößt immer wieder auch auf Kuriositäten, beispielsweise auf die Zirkularkorrespondenz im Umfeld der Empfindsamkeit des 18. Jahrhunderts: Da schreibt innerhalb einer Gemeinschaft gleich gestimmter Personen A an B einen vermeintlich sehr persönlich gehaltenen, außerordentlich emotio-

Marguerite Gérard (1761–1837): Die Brieflektüre (Ausschnitt)

BRIEFE

nal gestimmten Brief, aber A weiß genau, dass B ihn weitergeben wird und dass der Brief dann in größerem Kreise vorgelesen und danach möglicherweise abermals weitergegeben wird, mit demselben Ergebnis. Briefe waren hier und in anderem Rahmen oft also keineswegs nur eine Angelegenheit des Schreibers und Empfängers, sondern wurden, auch bei scheinbar privaten Inhalten, als etwas potenziell Öffentliches entworfen. In unserem Fall hat denn auch Goethe selbst schon für eine erste, nicht weniger als sechs Bände umfassende Publikation seines Briefwechsels mit Schiller gesorgt (1828/29).

Dessen neueste Veröffentlichung umfasst 1.013 Schreiben. Das erste, von Schiller an Goethe, ist datiert vom 13. Juni 1794 und enthält die Bitte um Mitarbeit an einer in Vorbereitung befindlichen neuen Zeitschrift, den *Horen*; das letzte richtete Goethe an Schiller kurz vor dessen Tod. Da die Verfasser sich immer wieder persönlich getroffen haben, lassen sich viele Briefe als Fortsetzung oder Vorbereitung mündlicher Gespräche lesen. In Schillers letzten Lebensjahren, die er bekanntlich in Weimar verbrachte, begegneten die beiden einander so regelmäßig, dass die Frequenz der Briefe zu dieser Zeit deutlich abnahm.

Themen   Die Spannbreite ihrer Themen ist groß. Über Persönliches aus dem Alltagsleben, etwa über den aktuellen Gesundheitszustand – »Ich bin meines Halsübels doch nicht so leicht los geworden, wie ichs in meinem letzten Brief glaubte versichern zu können« (Schiller an Goethe, 23.1.1798: Briefwechsel, S. 571) – wird berichtet, aber es wird auch Geschäftliches bis ins Detail erörtert – »Sie werden dem Cotta mit dem Verlag des kleinen Werkes eine große Freude machen. […] Ich dächte, man liess es so drucken, dass es zwischen 5 und 6 Bogen betrüge und er es um 12 gr verkaufen könnte. So hätte er für jedes Exemplar netto 8 gr und könnte Ihnen 50 Carolin für das Stück geben« (Schiller an Goethe, 11.8.1802: Briefwechsel, S. 1052). Kontinuierlich werden Grüße und gute Wünsche übermittelt, aber es werden auch Überlegungen formuliert, die in eine Sammlung von Spruchweisheiten eingehen könnten:

»Man befriedigt bey dichterischen Arbeiten sich selbst am meisten und hat noch dadurch den besten Zusammenhang mit andern« (Goethe an Schiller, 3.3.1799: Briefwechsel, S. 779). Breiten Raum nimmt die Erörterung ästhetischer und literarischer Probleme ein. Dabei geht es ebenso um grundlegende Fragen, etwa zur Theorie literarischer Gattungen, wie um die wechselseitige Kommentierung der literarischen Werke, an denen der andere gerade arbeitet. Schiller beeinflusst beispielsweise auf diesem Wege die Entstehung des *Wilhelm-Meister*-Romans, Goethe diejenige des *Wallenstein*. Man darf sich diese Kooperation durchaus als partiell sehr konkret vorstellen; erinnert sei noch einmal daran, dass sich Schiller zeitweise nicht darüber im Klaren war, wie er mit dem Astrologie-Motiv im *Wallenstein* im Rahmen der Frage nach den Gründen für das Scheitern des Feldherrn umgehen sollte, sodass er Goethe eine relevante neue Szene schickte und nach seinem Urteil zu dieser »verwickelten Sache« (Schiller an Goethe, 4.12.1798: Briefwechsel, S. 747) fragte.

Es war, wie mehrfach angedeutet, keineswegs selbstverständlich, dass es je zu einer so engen Kommunikation kommen würde. Aus früherer Zeit sind Äußerungen von beiden über einander bekannt, die eher Distanz und sogar Abneigung bezeugen. Auch war ihnen bewusst, dass es erhebliche Differenzen hinsichtlich der Grundlagen und Voraussetzungen ihrer literarischen Tätigkeit gab: Schon in seinem zweiten Brief beschreibt Schiller dem Adressaten, was er für den speziellen »Gang Ihres Geistes« (Schiller an Goethe, 23.8.1794: Briefwechsel, S. 10) hält, ergänzt diese Darlegungen im Folgenden und grenzt diesmal auch das eigene Vorgehen davon ab – die Differenz deckt sich im Wesentlichen mit der zwischen dem naiven und dem sentimentalischen Dichter. Im ersten Fall bedankt sich Goethe, dass der Schreiber »die Summe meiner Existenz« (Goethe an Schiller, 27.8.1794: Briefwechsel, S. 13) gezogen hat, im zweiten reagiert er mit der Einladung, Schiller möge ihn in Weimar besuchen. In vieler Hinsicht galten ihre Interessen unterschiedlichen Themengebieten: Goethe profilierte sich nicht in der Weise wie Schiller als Historiker, und Schiller war, anders als Goethe, keineswegs ein engagierter Naturforscher.

Differenzen

Dass eine große Differenz in der gesellschaftlichen Reputation zwischen den beiden Männern bestand – hier der am Weimarer Hof stabil etablierte Goethe, dort der in erheblich unsichereren sozialen Verhältnissen lebende Schiller –, ist den Briefen bis in die Anrede- und Grußformeln hinein von Anfang an zu entnehmen, und daran wird sich substanziell wenig ändern.

Das Verhältnis
Goethe/Schiller

So ist es nicht erstaunlich, dass die Briefe zwar in einem konstruktiven, freundlichen, von gegenseitigem Respekt und Wohlwollen bestimmten Ton gehalten sind, dass eine tiefere persönliche, von Herzlichkeit getragene Beziehung sich aber kaum aus ihnen herauslesen lässt. Trotz der Intensität der schriftlichen Kommunikation und zahlloser persönlicher Begegnungen gingen die beiden nie zum Du in der Anrede über, anders, als es beispielsweise in Schillers Beziehung zu Körner geschah. Brisante Themen, deren Erörterung man sich unter

Friedrich Bury: Christiane Vulpius, 1800

besten Freunden gut vorstellen oder gar für notwendig halten könnte, blieben ausgeklammert: Goethes nicht eheliche Liebesbeziehung mit Christiane Vulpius etwa und die Komplikationen, die sich daraus mit der vornehmen Weimarer Gesellschaft ergaben, spielen in den Briefen keine Rolle; Schillers Ehefrau wird von Goethe regelmäßig gegrüßt und lässt ihrerseits grüßen, während Goethes Geliebte nahezu verschwiegen wird. Man erkennt deutlich, dass die Briefschreiber sich hinsichtlich der Emotionalität ihrer Beziehung Grenzen setzten und sie strikt einhielten.

Möglicherweise konnte dies unter den gegebenen Umständen gar nicht anders sein; vielleicht konnte die Beziehung angesichts der Differenzen, die zwischen Goethe und Schiller in verschiedener Hinsicht bestanden, überhaupt nur so konstruktiv gedeihen, weil sie sich nicht in den privatesten und von sehr persönlichen Empfindungen getragenen Bereich hinein ausdehnte. Die beiden waren durch gemeinsame literarische und literaturpolitische Interessen eng miteinander verbunden, hatten größten Respekt vor einander und arbeiteten mehr oder weniger bewusst und gezielt daran, ein Projekt zu realisieren, das in der Literaturgeschichtsschreibung als Weimarer Klassik firmiert. Dies erforderte einen hohen persönlichen Einsatz, eine konstruktive Kooperation, die fortgesetzte Bestätigung des Wertes der eigenen Leistung und die gemeinsame Abgrenzung von konkurrierender beziehungsweise andersartiger Literatur. Es wäre wohl nicht hilfreich gewesen, wenn dies alles von beiden mit einem überschäumenden affektiven Aufwand in der Beziehung zueinander betrieben worden wäre, unabhängig von der Frage, inwiefern sie von ihrem Charakter her dazu überhaupt in der Lage gewesen wären. Vielleicht kann man, was Schillers Part betrifft, hier auch wieder ein stilles Plädoyer für den Wert individueller Freiheit erkennen: Die enge Bindung an den älteren Kollegen bedeutete nicht, dass er eigene Positionen preisgegeben hätte. Auf Goethes Seite dürfte es sich ähnlich verhalten. Der Erfolg gibt beiden recht.

BRIEFE

XI. Wirkung

Wenn man die ungeheure Resonanz erklären will, die Friedrich Schillers Leben und Werk bis heute finden, muss man sich den fast einzigartigen Rang vergegenwärtigen, der diesem Schriftsteller zuerkannt wird. Als einer der sogenannten Weimarer Dioskuren, des unzertrennlichen Paares der Weimarer Klassik, stellt er nicht bloß eine exponierte Persönlichkeit der deutschen Literatur dar, die neben etliche andere einzuordnen wäre. Die Weimarer Klassik und mit ihr Schiller gelten vielmehr – bei zahlreichen professionellen Kommentatoren wie in demjenigen Teil der Bevölkerung, der sich für solche Themen interessiert – als singulärer Gipfelpunkt der Literaturgeschichte. Ihnen wird der gleiche Status zuerkannt wie im Bereich der Musik den ungefähr zur gleichen Zeit tätigen Joseph Haydn, Wolfgang Amadeus Mozart und Ludwig van Beethoven, den sogenannten Wiener Klassikern. Der Begriff der Klassik, mit dem sich die Vorstellung von Vorbildlichkeit und stilprägender Musterhaftigkeit verbinden lässt, verweist bereits auf diesen Aspekt, wenngleich er bei näherem Hinsehen ganz unterschiedlich gebraucht wurde.

Literarische Koryphäen, die auf einem so hohen Podest stehen, wirken oft weit über den im engeren Sinne literarischen und kulturellen Rahmen hinaus. Gerade die Wirkungsgeschichte Goethes und Schillers weist denn auch

Gipfel der Literaturgeschichte

Politische Dimension

Goethes Büste
in Weimar 1832

Stuttgarter Schiller-Denkmal
von Bertel Thorwaldsen

eine ausgeprägt politische Dimension auf. Zu ihrer gemeinsamen Lebenszeit
war es um den Zusammenhalt des Heiligen Römischen Reiches Deutscher
Nation nicht gerade gut bestellt; kurz nach Schillers Tod zerbrach das Reich
vollends, und es dauerte bis 1870/71, dass in einer ganz neuen Konstellation, ohne österreichische Gebiete, wieder ein geeintes Deutschland entstand.
In der Zwischenzeit diente nicht zuletzt die gemeinsame kulturelle Tradition
denjenigen, die den aktuellen Zustand beklagten, als ein einigendes, Identität stiftendes Band, und so wuchs kulturellen Autoritäten, die etwas galten,

eine ganz besondere Bedeutung zu. Schiller stand da in vorderster Linie, wie insbesondere die Feiern zu seinem hundertsten Geburtstag zeigen. Das Fest von 1859 wurde in deutschen Städten mit Dutzenden von Festumzügen und anderen Großveranstaltungen unter Beteiligung Hunderttausender gefeiert; allein in Berlin wurden mehr als 40.000 Teilnehmer registriert.

An Schiller knüpften sich damals Vorstellungen von nationaler Einheit ebenso wie bürgerlich-liberale Freiheitsideale. Zwar ließ sich bei späteren Gedenkfeiern, da die politischen Voraussetzungen andere wurden, eine solche Euphorie nicht noch einmal entfachen, aber auch weiterhin erfüllte die Weimarer Klassik die Funktion, kompensatorisch den düsteren Seiten der Historie entgegengestellt zu werden. Nach 1945 konnte man darauf verweisen, dass zur deutschen Geschichte nicht nur der Holocaust und die Verantwortung für

F. C. Klimsch: Lithographie zum Schiller-Festzug in Frankfurt im Jahr 1859

mindestens einen Weltkrieg gehörten, sondern auch unstrittig positiv konnotierte, vom Geist der Humanität geprägte kulturelle Leistungen wie eben diejenigen Schillers. Es ist eine makabre Pointe, dass das Gegen- und Nebeneinander geografisch sehr anschaulich nachvollzogen werden kann: In unmittelbarer Nähe zu Weimar hatten die Nationalsozialisten das Konzentrationslager Buchenwald eingerichtet.

Es lässt sich freilich auch sagen, dass nicht nur Buchenwald neben Weimar liegt, sondern ebenso Weimar neben Buchenwald: Die NS-Ideologen sahen ihrerseits Schiller als einen maßgeblichen gedanklichen Wegbereiter an. Überhaupt war er lange Zeit ein bevorzugter Orientierungspunkt für die Vertreter unterschiedlichster politischer Richtungen. Konservative und Marxisten, Liberale und Sozialdemokraten beriefen sich auf ihn und verteidigten ihn gegen

WIRKUNG

das vermeintlich falsche Verständnis der jeweils anderen. Die Vieldeutigkeit seines Werkes lieferte allen Argumente, mit denen sie hantieren konnten. Unter sozialistischen Vorzeichen wurde auf Schillers Parteinahme für Unterdrückte und Ausgebeutete verwiesen, und es wurde gefragt, inwiefern man seine idealistischen Konzepte für die Arbeiterbewegung des Industriezeitalters nutzbar machen könne. Schillers Freiheitspathos und sein überaus skeptischer Blick in eine Zeit, in der der Mensch nur noch »Abdruck seines Geschäfts« (VIII, S. 320) sei, fanden Widerhall bei jedweder politischen Couleur, die sich nicht mit rein affirmativer Grundhaltung an die Analyse der gesellschaftlichen Realität begab. Wer in seiner politischen Haltung weniger auf gesellschaftliche Gruppierungen als auf die Verantwortung und Leistungskraft des Einzelnen setzte, konnte sich auf Schiller'sche Dramenfiguren von der Art des Marquis Posa, Wallensteins oder Wilhelm Tells berufen.

Stelenweg und Ringgrab der Gedenkstätte Buchenwald, 1958

Der Schiller-Kult der Nationalsozialisten wurde von der Vorstellung getragen, ihr rassisch-völkisches Gemeinschaftsideal sei die endgültige Reaktion auf all jene Probleme, die Schiller zukunftsweisend dargestellt, aber noch nicht vollständig gelöst habe, etwa bei der Frage nach der Beziehung zwischen dem exponierten Einzelnen und der Gruppe, der er angehört. Ein Autor namens Hans Fabricius veröffentlichte bereits 1932 ein Buch mit dem programmatischen Titel *Schiller als Kampfgenosse Hitlers. Nationalsozialismus in Schillers Dramen.* 1934 versuchten die Feiern zu Schillers 175. Geburtstag noch einmal an die Begeisterung von 1859 anzuknüpfen, unter anderem mit einem Staffellauf, der 15.000 Hitlerjungen von den Grenzen des Reichs in Schillers Geburtsort Marbach führte – heute würde man von Eventkultur sprechen. Wer den Zusammenhängen nachgeht, stößt auch auf absurd anmutende Kuriositäten: Im Konzentrationslager Buchenwald wurde 1942/43 eine Kopie von Schillers Schreibtisch angefertigt, die anstelle des Originals ausgestellt werden sollte – eine Vorsorgemaßnahme für den Fall, dass das Schillerhaus Ziel eines Bombenangriffs würde. Dieter Kühn hat diesem Thema 2007 das Buch *Schillers Schreibtisch in Buchenwald* gewidmet, das generell viele Informationen über den Umgang der Nationalsozialisten mit Schiller vermittelt.

Hans Fabricius

Bucheinband

Nach 1945 wetteiferten die beiden Teile, in die das Deutsche Reich zerfallen war, um den angemessenen Umgang mit Schiller, ganz so, wie sie es auch mit vielen anderen Elementen der deutschen Kulturgeschichte taten. Es ist allerdings bemerkenswert, dass das große Unternehmen einer *Nationalausgabe* der Werke Schillers, mit dem 1943 begonnen worden war, auch in Zeiten der deutschen Teilung als einziges Editionsobjekt gesamtdeutsch betrieben werden konnte. Man mag in diesem Zusammenhang noch einmal an die Rolle

WIRKUNG

denken, die Schiller im 19. Jahrhundert während der Zersplitterung Deutschlands zukam.

Dass politische, ideologische, weltanschauliche Vereinnahmungen und Indienststellungen komplexer Kunstwerke im Rezeptionsprozess eher die Regel als die Ausnahme bilden, ist eine Binsenweisheit. Produktive Künstler aller Art sind dagegen nicht gefeit, und Schriftsteller, bei denen es unmittelbar auf die Macht des Wortes ankommt, erst recht nicht. Rezeptionsvorgänge dieser Art stellen durchweg Trivialisierungen dar, indem sie stets nur bestimmte Seiten der betreffenden Werke wahrnehmen und tendenziell isolieren und darüber all das ignorieren, was der gerade favorisierten Deutung in den Weg treten könnte. Letztlich spricht es freilich für die Vielschichtigkeit und das grundlegende Gewicht des Untersuchungsobjekts, wenn sich solche Interpretationslinien mit völlig unterschiedlichen Ergebnissen ergeben: Was einlinig und schlicht erscheint, kann nicht derart kontroverse Deutungen auf sich zu ziehen, und was generell für zu leicht befunden wird, findet gar nicht erst eine über Jahrhunderte immer wieder neu sich belebende Aufmerksamkeit. Anders gesagt: Die Trivialisierungen in der Wirkungsgeschichte eines Schriftstellers bezeugen auf etwas paradoxe Weise letztlich den Wert seines Werkes.

Spruchweisheiten

Bei Schiller findet man zusätzlich noch eine Form von Popularisierung, deren sich nur wenige seiner Kollegen rühmen können und die eher mittelbar von politischer Relevanz ist: Er ist mit den zahlreichen Spruchweisheiten, die er in seine Werke eingelegt hat, ein extrem produktiver Lieferant von Sätzen, die sich zum Auswendiglernen anbieten. Immer wieder findet man bei ihm

Formulierungen, die man aus dem Kontext gelöst und in stehende Redewendungen und Sprichwörter, in geflügelte beziehungsweise goldene Worte verwandelt hat, in handliche Lebensweisheiten, die eine vielfältige Verwendung ermöglichen. Dass der brave Mann an sich selbst zuletzt denkt und die Axt im Haus den Zimmermann erspart, sind tiefe Weisheiten nicht nur für Wilhelm Tell und seine Umgebung. Bei denjenigen, die sich auf ihre Bildung und ihren intellektuellen Habitus einiges zugutehielten, war es bis weit ins 20. Jahrhundert hinein üblich, derartige Sentenzen gedanklich zu speichern und bei Gelegenheit zu reproduzieren; es handelte sich zweifellos auch um ein Mittel der sozialen Distinktion, mit dem die Angehörigen einer durch solche Kenntnisse ausgewiesenen Schicht sich von anderen unterschieden. Dasselbe gilt erst recht für die früher weit verbreitete Neigung, komplette Gedichte auswendig zu lernen und bei Gelegenheit zu rezitieren. Den jüngeren Generationen ist diese auch in der Schule nur noch selten geübte Fähigkeit heute weitgehend abhandengekommen, aber als Formulierungsspender für festliche Gelegenheiten, beispielsweise Abiturreden, taugt Schillers Werk immer noch wie wenige andere.

Postkarte mit Schillerspruch aus der Zeit des Ersten Weltkriegs

Jenem Umgang mit Schiller, der auf Reduktion zielt, stehen auf der anderen Seite des Wirkungsspektrums verschiedene Formen produktiv-kreativer Aneignung gegenüber. Hier ist natürlich in erster Linie, wie bei allen Dramenautoren, an den Umgang mit seinen Theaterstücken auf der Bühne zu denken. Schillers Dramen gehören bis heute zu den meistaufgeführten der deutschen Theatergeschichte, und an den übergreifenden Tendenzen, die zu mehr oder weniger genau abgrenzbaren Zeiten den Inszenierungsstil bestimmten, lässt sich einiges ableiten, was die jeweils dominanten kulturellen Präferenzen betrifft. Wer beispielsweise in den späten 1960er- und 70er-Jahren nach Schiller-

Dramenaufführungen

157

Inszenierungen auf deutschen Bühnen suchte, fand viel häufiger als sonst politisch akzentuierte Aufführungen: Der gesellschaftskritischen Orientierung des damaligen Kulturbetriebs entsprach es, sich auf diese Seite der Schiller'schen Dramen zu konzentrieren. Insbesondere die frühen Stücke wurden häufiger noch als sonst aufgeführt und hinsichtlich ihrer rebellischen, Autoritäten ganz und gar abholden Tendenzen interpretiert. Etwas später änderte sich das Bild wieder, und Schillers Protagonisten traten eher als Suchende und Grübelnde und als zerrissene Persönlichkeiten in Erscheinung.

Literarische
Rezeption
Schiller zog auch – was ebenfalls für Dichter seines Ranges nicht ungewöhnlich ist – die Aufmerksamkeit und Arbeitskraft späterer Kollegen auf sich. Auf

Hans-Magnus
Enzensberger, 2010

das in seinem Fall wohl besonders ausgeprägte Phänomen der Parodien wurde schon hingewiesen; zu den prominenten Autoren, die sich über Schillers Pathos mokierten, gehören Hans Magnus Enzensberger (*Hymne an die Dummheit*, 1995) und Peter Rühmkorf, der sich in seinem Schauspiel *Lombard gibt den Letzten* (1972) das Gedicht *An die Freude* vornimmt. Über viele Schülergenerationen hinweg wurde für eilige Leser die von einem Anonymus stammende Kurzfassung der *Glocke* weitergegeben: ‚Loch in die Erde, / Bronze rin, / Glocke fertig, / Bimm, Bimm, bimm.«

Peter Rühmkorf, 2004

Selbstverständlich liegen auch andersartige literarische Auseinandersetzungen mit Schiller vor, von bekannten wie von eher unbekannten Autoren; sie können hier bei Weitem nicht vollständig angeführt werden. Thomas Mann hat Schiller zwar nicht, wie er es im Falle Goethes mit *Lotte in Weimar* tat, einen ganzen Roman gewidmet, aber immerhin die Erzählung *Schwere Stunde* (1905), die Schiller bei der mühevollen Erarbeitung des *Wallenstein* zeigt.

Der vielseitige Romancier Norbert Jacques, der heute am ehesten noch als der Erfinder des genialischen Verbrechers Dr. Mabuse genannt wird, hat über Schiller einen biografischen Roman verfasst, *Leidenschaft* (1939), der als Inspiration für den aufwendigen Spielfilm *Friedrich Schiller – der Triumph eines Genies* diente. Dieser in der NS-Zeit (1940) hergestellte Film, der Schillers Auseinandersetzung mit Herzog Carl

Thomas Mann, 1905

Norbert Jacques, 1927

Eugen zum Gegenstand hat, sorgt bis heute für Diskussionen. Gestritten wird darüber, ob er die nationalsozialistische Ideologie uneingeschränkt bestätigt, indem er für Schiller die auch von Hitler beanspruchten Rechte eines Ausnahmemenschen reklamiert, oder ob er sie doch eher unterläuft, indem er die Schattenseiten tyrannischer Herrschaft thematisiert. Auch in bunt bewegte Erlebnisse, die denen einiger seiner Figuren an Abenteuerlichkeit nicht nachstehen, wird der literarisierte Schiller gelegentlich verwickelt: In dem Roman *Das Erlkönig-Manöver* (2007) von Robert Löhr reist er mit Goethe, Achim von Arnim, Bettine Brentano, Heinrich von Kleist und Alexander von Humboldt durch Deutschland, um in geheimer Mission den Sturz Napoleons zu betreiben.

In der deutschen Literaturwissenschaft dürfte Schiller der nächst Goethe am intensivsten bearbeitete Dichter sein. Zahlreiche Ausgaben haben sein Werk in Teilen oder vollständig zu erschließen und vermitteln versucht – am wichtigsten ist gewiss die schon erwähnte *Nationalausgabe*. Es existieren zudem so viele Analysen, Interpretationen und Kommentare, dass man mit ihrer Hilfe überaus anschaulich eine hochdifferenzierte Geschichte der methodischen Vorgehensweisen und sonstigen Entwicklungen des Faches Deutsche Literaturwissenschaft illustrieren könnte. Sie würde vom Positivismus des 19. Jahrhunderts – dem wir die Erkundung vieler lebensgeschichtlicher Sachverhalte

Literaturwissenschaft

WIRKUNG

verdanken – bis zu den kaum noch auf einen einfachen Begriff zu bringenden neueren Orientierungen in der Beschäftigung mit der Literatur reichen. Bei aller Vielfalt der Betrachtungsansätze und Ergebnisse ist bemerkenswert, dass es einige Themen gibt, die geradezu leitmotivartig immer wieder auftauchen und unter veränderten Vorzeichen zu immer neuen Beurteilungen Anlass geben. Dazu gehören das Verhältnis zwischen Schiller und Goethe oder die Frage, ob sich Schillers literarische Entwicklung eher durch Kontinuität oder durch Brüche auszeichnet – was verbindet gedanklich und strukturell *Die Räuber* und *Wilhelm Tell*, was unterscheidet sie? Oft werden auch Überlegungen angestellt, ob man Schillers Dramen eher unter privat-persönlichen oder unter politischen Aspekten betrachten sollte – geht es zum Beispiel im *Don Karlos* primär um verquere amouröse und familiäre Beziehungen oder um Despoten und Freiheitskämpfer?

Gäbe es auf derartige Fragen einfache und unstrittige Antworten, so wäre die Beschäftigung mit Schiller längst abgeschlossen. Aber es zeigt sich eben, dass sein Werk zu immer neuen Deutungen reizt, manchmal sogar zu solchen, die in diametralem Gegensatz zu anderen stehen, die doch auch vieles für sich zu haben scheinen. Dazu ein Beispiel, das an die obigen Darlegungen zum Briefwechsel mit Goethe anschließt: Während hier, in Übereinstimmung mit vielen anderen Kommentatoren, auf eine bei aller Kooperation und Zuneigung letztlich doch bestehende Distanz zwischen den beiden hingewiesen wird, postuliert die Germanistin Katharina Mommsen in ihrem Buch *Kein Rettungsmittel als die Liebe* (2010) nicht weniger als eine platonisch-homoerotische Beziehung zwischen ihnen, die sich verschlüsselt in zahlreichen literarischen, insbesondere lyrischen Werken niedergeschlagen habe. Unter dieser Prämisse wird man natürlich auch den Briefwechsel völlig anders lesen können.

Selbst für Experten ist die gewaltige Masse des an Friedrich Schillers Person, Werk und Wirkung gehefteten Schrifttums kaum noch überschaubar. Umso wichtiger erscheint es, dass immer wieder einmal Arbeiten publiziert werden, die neue Akzente setzen oder Bekanntes in einer Weise durchdringen, dass damit eine neue Stufe der Argumentation erreicht wird. Exemplarisch genannt seien hier aus den letzten Jahrzehnten der von Wilfried Barner, Eberhard Lämmert und Norbert Oellers herausgegebene Sammelband *Unser Commercium* (1984), der insbesondere Einsichten in das literarische Leben der damaligen Zeit vermittelt, Dieter Borchmeyers komplexes Epochenporträt *Weimarer Klassik* (1998), Karl S. Guthkes wegweisende Studie *Schillers Dramen. Idealismus und Skepsis* (2005) sowie die voluminöse Schiller-Biografie von Peter-André Alt (2000, 2009). In dieser zweibändigen, weit über tausend Seiten starken Arbeit werden Leben und literarische Tätigkeit Schillers in die unterschiedlichsten historischen und literaturhistorischen Zusammenhänge eingebunden, und dabei entsteht ein komplexes, in manchem auch widersprüchlich und gebrochen wirkendes Bild, das einfache Erklärungen ganz und gar unzulänglich erscheinen lässt. Wenn nicht alles täuscht, wird das Ausmaß der künftigen Wirkungsgeschichte Schillers davon abhängen, ob es gelingt, mit solchen Erkenntnissen die am Ende unseres ersten Kapitels formulierten Thesen zur Modernität des Dichters in attraktiver Form zu füllen und zu stützen.

WIRKUNG

XII. Literatur

Ausgaben

Schillers Werke. Nationalausgabe. Begründet von Julius Petersen. Seit 1992 hg. von Norbert Oellers. Weimar 1943ff. [Diese ambitionierteste Schiller-Edition mit vielen Bänden zu Schillers Korrespondenz ist noch nicht abgeschlossen. Entsprechend der langen Entstehungszeit wechselt die Konzeption der Bände z. T. erheblich.]

Friedrich Schiller: *Werke und Briefe in zwölf Bänden.* Hg. von Otto Dann u. a. Frankfurt am Main 1988–2004 [Die *Frankfurter Ausgabe* enthält umfangreiche Kommentare und Dokumente.]

Friedrich Schiller: *Sämtliche Werke.* 10 Bde. Hg. von Hans-Günther Thalheim u. a. Berlin 2005 [Ein Teil der *Berliner Ausgabe*, die keine Briefe, aber umfangreiche Erläuterungen enthält, wurde noch in Zeiten der DDR von dortigen Wissenschaftlern erarbeitet. Nach dieser Edition wird im vorliegenden Buch zitiert; die römische Ziffer bezeichnet den jeweiligen Band. – Die Ausgabe liegt seit 2008 unter dem Titel *Schiller im Kontext* auch als lizenzierte CD-ROM vor.]

Friedrich Schiller/Johann Wolfgang Goethe: *Der Briefwechsel. Historisch-kritische Ausgabe. Bd. 1: Text. Bd. 2: Kommentar.* Hg. von Norbert Oellers unter Mitarbeit von Georg Kurscheidt. Stuttgart 2009 [Nach dieser Ausgabe wird der Briefwechsel hier zitiert.]

Bibliografien

Im Jahrbuch der Deutschen Schillergesellschaft wird regelmäßig, seit 2000 jährlich, die jeweils neueste Literatur (Editionen und Sekundärliteratur) verzeichnet. Einen Bericht zur Schiller-Forschung von den Anfängen bis zur Gegenwart vermittelt auf rund 200 Seiten Helmut Koopmann in dem von ihm herausgegebenen *Schiller-Handbuch* (s. u.).

Internet

Umfangreiche Schiller-Ausgaben finden sich unter www.Zeno.org/Literatur/ M/Schiller,+Friedrich sowie gutenberg.spiegel.de/autor/518. Es empfiehlt sich, stets auf die Quellenangaben zu den jeweils wiedergegebenen Texten zu achten.

Viele Informationen und Materialien finden sich im Goethezeitportal: www. goethezeitportal.de

Überblicksdarstellungen zur Literaturgeschichte des späten 18. und frühen 19. Jahrhunderts

Borchmeyer, Dieter: *Weimarer Klassik. Portrait einer Epoche.* Weinheim 1998

Buschmeier, Matthias/Kauffmann, Kai: *Einführung in die Literatur des Sturm und Drang und der Weimarer Klassik.* Darmstadt 2010 [Sehr knapp und konzentriert]

Kaiser, Gerhard: *Aufklärung. Empfindsamkeit. Sturm und Drang.* Stuttgart ⁶2007 [Instruktiver, komprimierter Gesamtüberblick]

Lange, Viktor: *Das klassische Zeitalter der deutschen Literatur. 1740–1815.* München 1983

Schulz, Gerhard: *Die deutsche Literatur zwischen Französischer Revolution und Restauration 1789–1806.* München 1983

Ueding, Gert: *Klassik und Romantik. Deutsche Literatur im Zeitalter der Französischen Revolution 1789–1815.* München/Wien 1987

Überblicksdarstellungen zu Leben und Werk Schillers

Alt, Peter-André: *Schiller. Leben – Werk – Zeit.* 2 Bde. München 2009 [Die derzeit umfassendste und perspektivenreichste Gesamtdarstellung zum Thema; Erstveröffentlichung 2000]

Damm, Sigrid: *Das Leben des Friedrich Schiller. Eine Wanderung.* Frankfurt am Main ²2009 [Eine erzählende Darstellung der bekannten Biografin]

Darsow, Götz-Lothar: *Friedrich Schiller.* Stuttgart/Weimar 2000

Gellhaus, Axel/Oellers, Norbert (Hg.): *Schiller. Bilder und Texte zu seinem Leben.* Köln/Weimar ²2004 [Schillers Leben anhand markanter Stationen; mit besonders umfangreicher und vielfältiger Bebilderung]

Haller-Nevermann, Marie: *Friedrich Schiller. Ich kann nicht Fürstendiener sein. Eine Biographie.* Berlin 2004

Hofmann, Michael: *Schiller. Epoche – Werk – Wirkung.* München 2003

Koopmann, Helmut (Hg.): *Schiller-Handbuch.* Stuttgart ²2011 [Die Vorstellung der einzelnen Werke Schillers wird ergänzt durch Aufsätze zu übergreifenden Themen, wie *Schiller und die zeitgenössische Literatur* und *Schiller und die Verleger.*]

Kraft, Herbert: *Um Schiller betrogen.* Pfullingen 1978 [Gegen die Tradition der heroisierenden Schiller-Deutung führt der Verfasser das Widersprüchliche und Fragmentarische in Schillers literarischer Entwicklung an.]

Lehmann, Johannes: *Unser armer Schiller. Eine respektlose Annäherung.* Tübingen ²2009 [Der Akzent liegt auf den alltäglich-menschlichen Seiten im Leben Schillers.]

Luserke-Jaqui, Matthias: *Friedrich Schiller.* Tübingen/Basel 2005

Luserke-Jaqui, Matthias (Hg.): *Schiller-Handbuch. Leben – Werk – Wirkung.* Stuttgart/Weimar 2005 [Der Aufbau des Buches bewegt sich weitestgehend an den Titeln von Schillers Werken entlang.]

Oellers, Norbert: *Schiller. Elend der Geschichte, Glanz der Kunst.* Stuttgart 2005

Pilling, Claudia/Schilling, Diana/Springer, Mirjam: *Friedrich Schiller.* Reinbek 2002

Safranski, Rüdiger: *Friedrich Schiller oder Die Erfindung des Deutschen Idealismus.* München [4]2010

Staiger, Emil: *Friedrich Schiller.* Zürich 1967 [Groß angelegter Versuch, den einzigartigen Rang der Dichtung Schillers gegen zeittypische Skepsis zu erläutern]

Storz, Gerhard: *Der Dichter Friedrich Schiller.* Stuttgart 1959

von Wiese, Benno: *Friedrich Schiller.* Stuttgart [3]1963 [Wirkungsmächtige Darstellung, in der historischer Hintergrund, Leben und Werk als schlüssig wirkende Einheit gesehen werden]

Wölfel, Kurt: *Friedrich Schiller.* München 2004

Einzeluntersuchungen

Carbe, Monika: *Schiller. Vom Wandel eines Dichterbildes.* Darmstadt 2005 [Zu verschiedenen Aspekten der Rezeption Schillers]

Guthke, Karl S.: *Schillers Dramen. Idealismus und Skepsis.* Tübingen [2]2005

Immer, Nikolas: *Der inszenierte Held. Schillers dramenpoetische Anthropologie.* Heidelberg 2008

Mommsen, Katharina: *»Kein Rettungsmittel als die Liebe«. Schillers und Goethes Bündnis im Spiegel ihrer Dichtungen.* Göttingen 2010 [Die Verfasserin konstatiert intensive emotionale Beziehungen zwischen Goethe und Schiller, die sich untergründig in ihrer Literatur niederschlagen.]

Müller-Seidel, Walter: *Friedrich Schiller und die Politik. »Nicht das Große, nur das Menschliche geschehe«.* München 2009 [Über die herausragende Bedeutung der politischen Implikationen in Schillers Werk]

Pikulik, Lothar: *Schiller und das Theater. Über die Entwicklung der Schaubühne zur theatralen Kunstform.* Hildesheim 2007

Roßbach, Nikola: *Die Verschwörung des Fiesko zu Genua. Ein republikanisches Trauerspiel (1783).* In: *Schiller-Handbuch. Leben – Werk – Wirkung.* Hg. von Matthias Luserke-Jaqui. Stuttgart/Weimar 2005, S. 53–65

Safranski, Rüdiger: *Goethe und Schiller. Geschichte einer Freundschaft.* München 2009

Schulz, Georg-Michael: *An die Freude (1786/1803).* In: *Schiller-Handbuch. Leben – Werk – Wirkung.* Hg. von Matthias Luserke-Jaqui. Stuttgart/Weimar 2005, S. 259–261

Schwarz, Sandra: *Schillers lyrischer Stil.* In: *Schiller-Handbuch.* Hg. von Helmut Koopmann. Stuttgart ²2011, S. 285–303.

Zymner, Rüdiger: *Friedrich Schiller. Dramen.* Berlin 2002

Sammelbände

Aurnhammer, Achim/Manger, Klaus/Strack, Friedrich (Hg.): *Schiller und die höfische Welt.* Tübingen 1990

Balogh, András F./Kurdi, Imre/Orosz, Magdolna/Varga, Péter (Hg.): *Im Schatten eines anderen? Schiller heute.* Frankfurt am Main/Berlin/Bern u. a. 2011 [Enthält unter anderem Beiträge zur Schiller-Rezeption in Osteuropa]

Barner, Wilfried/Lämmert, Eberhard/Oellers, Norbert (Hg.): *Unser Commercium. Goethes und Schillers Literaturpolitik.* Stuttgart 1984 [Sammelband zu einer Schiller-Tagung, bei der es vor allem um Goethes und Schillers Einflussnahme auf das literarische Leben ihrer Zeit ging]

Berghahn, Klaus L./Grimm, Reinhold (Hg.): *Schiller. Zur Theorie und Praxis der Dramen.* Darmstadt 1972 [Vermittelt einen umfassenden Überblick zum damaligen Forschungsstand]

Bollenbeck, Georg/Ehrlich, Lothar (Hg.): *Friedrich Schiller. Der unterschätzte Theoretiker*. Köln/Weimar/Wien 2007

Brandt, Helmut (Hg.): *Friedrich Schiller – Angebot und Diskurs. Zugänge, Dichtung, Zeitgenossenschaft*. Berlin/Weimar 1987.

Braungart, Georg/Greiner, Bernhard (Hg.): *Schillers Natur. Leben, Denken und literarisches Schaffen*. Hamburg 2005

Der Deutschunterricht. Jg. LVI, H. 6 (2004) [Ausschließlich dem Thema Schiller gewidmet]

Euphorion. Doppelheft 1–2 (2005) [Ausschließlich dem Thema Schiller gewidmet]

Hinderer, Walter (Hg.): *Interpretationen. Schillers Dramen*. Stuttgart ²1992

Hinderer, Walter (Hg.): *Friedrich Schiller und der Weg in die Moderne*. Würzburg 2006

Hofmann, Michael/Rüsen, Jörg/Springer, Mirjam (Hg.): *Schiller und die Geschichte*. München 2006

Knobloch, Hans-Jörg/Koopmann, Helmut (Hg.): *Schiller heute*. Tübingen 1996

Oellers, Norbert (Hg.): *Interpretationen. Gedichte von Friedrich Schiller*. Stuttgart 1996

Oellers, Norbert (Hg.): *Schiller – Zeitgenosse aller Epochen. Dokumente zur Wirkungsgeschichte Schillers in Deutschland. Teil I: 1782–1859*. Frankfurt am Main 1970. *Teil II: 1860–1966*. München 1976 [Äußerst ergiebige Dokumentation zur Wirkungsgeschichte Schillers]

Stašková, Alice (Hg.): *Friedrich Schiller und Europa. Ästhetik, Politik, Geschichte*. Heidelberg 2007

Text + Kritik. Sonderband Friedrich Schiller. 2005 [Das Heft widmet sich gezielt unkonventionellen Themen, wie der Frage nach dem Religionskritiker Schiller und der nach seiner Bedeutung für die Gegenwartslyrik.]

Wittkowski, Wolfgang/Kufner, Stephanie: *Schiller. Ethik, Politik und Nemesis im Drama*. Frankfurt am Main/Berlin/Bern u. a. 2012

Weitere zitierte Texte

Böttiger, Karl August: *Literarische Zustände und Zeitgenossen. Begegnungen und Gespräche im klassischen Weimar.* Hg. von Klaus Gerlach und René Sternke. Weimar 1998 [Beobachtungen zum Weimarer Alltag von einem klatschsüchtigen Zeitgenossen]

Lin, Jean-Claude/Arthen, Herbert (Hg.): *Kraftwerk Schiller. Was der Dichter uns heute zu sagen hat.* Stuttgart 2009

Matt, Peter von: *Literaturwissenschaft und Psychoanalyse. Eine Einführung.* Freiburg 1972

LITERATUR

Glossar

Absolutismus: Form der Königsherrschaft, in der ein Fürst an der Spitze ohne politische Beteiligung anderer Gruppierungen regiert.

Aporie: von griech. *aporía* (Ausweglosigkeit), meint die in einer Sache angelegten, unauflösbaren Widersprüche

Apotheose: von griech. *apotheoun* (vergöttern), Vergöttlichung, Verherrlichung

Aufzug: ein vom Autor ausdrücklich gekennzeichneter Handlungsabschnitt des Dramas, auch als Akt bezeichnet

auktoriale Erzählposition: Erzählung aus der Warte einer Figur, die von einer allwissenden, übergeordneten Position auf das erzählte Geschehen blickt

Axiom: Grundsatz, Leitlinie

Blankverse: nicht reimende Verszeilen aus jeweils fünf Jamben, wobei ein Jambus immer eine Einheit aus unbetonter und betonter Silbe bezeichnet

diametral: entgegengesetzt

Dioskuren: von griech. Dios kouroi (Söhne des Zeus), bezeichnet in der griechischen Mythologie das Zwillingspaar Kastor und Polydeukes (im Lateinischen Castor und Pollux)

Edieren: herausgeben

empirisch: beobachtbar

episch: ausgestattet mit den Charakteristiken eines Epos, also einer langen Erzählung

fünfhebig: Verszeile mit insgesamt fünf Betonungen

Jambus: Einheit der Verslehre, in der auf eine unbetonte eine betonte Silbe folgt (zum Beispiel ver-gáß – Betonung nach dem Schema xx́)

Kausalnexus: der logische Wirkungszusammenhang eines Geschehens

Knittelvers: ein Reimvers, in dem sich immer zwei aufeinander folgende Zeilen am Ende reimen

Kohärenz: hier: Sinnzusammenhang

Kreuzreim: Reimschema, in dem sich erstes und drittes Zeilenende sowie zweites und viertes Zeilenende reimen – sozusagen ‚über Kreuz‘ (zum Beispiel »Freude, schöner Götterfunken, / Tochter aus Elysium, / Wir betreten feuertrunken, / Himmlische, dein Heiligtum!«)

normativ: Regeln festlegend

Phraseologismus: Redewendung

Poetik: Lehre von der Dichtkunst

poetologisch: die Lehre von der Dichtkunst betreffend

Positivismus: Philosophie, die allein das Gegebene (das Positive), also das Tatsächliche als Ausgangspunkt für die Wissenschaft akzeptiert. Diese Richtung geht von der Erfahrung aus und lehnt alles Spekulative ab.

Postulat: Forderung

Publikumsdramaturgie: Bestandteile des Textes in einem Theaterstück, welche über das Bühnengeschehen hinausgehend mittelbar oder unmittelbar auch die Reaktionen des Publikums in die Gestaltung miteinbeziehen (wie zum Beispiel im Falle der Zuschreibung von Geruchseindrücken an Bühnenfiguren).

Säkulum: Jahrhundert

teleologisches Prinzip: Prinzip, das auf ein Telos, also ein Ziel oder einen Zweck hin ausgerichtet ist.

tradieren: überliefern, weitergeben

Trochäus: Einheit der Verslehre, in der auf eine betonte eine unbetonte Silbe folgt (zum Beispiel Á-bend – Betonung nach dem Schema x́x)

typologisch: in Hinblick auf die Machart, Gestaltung

Urhorde: mythologisch-ethnologisches Konzept des 19. Jahrhunderts, das eine Art ‚ursprüngliches' Zusammenleben von Menschen beschreiben sollte; bei Sigmund Freud wird daraus eine Gemeinschaft der Brüder, die aus dem Mord an einem alleinherrschenden Vater hervorgegangen ist.

Utopie: Idealvorstellung

Abbildungsverzeichnis

Max Widnman/Ferdinand Miller: Schillerdenkmal am Maximiliansplatz in München, 1863 (Fotografie von User Daderot, 2011); http://commons.wikimedia.org/wiki/File:Schiller-Denkmal_M%C 3%BCnchen_-_DSC07425.jpg?uselang=de (Lizenz: Creative Commons CC0 1.0 Verzicht auf das Copyright)

Karl Cauer: Schillerdenkmal in Mannheim, 1862 (Fotografie von Immanuel Giel, 2006); http:// commons.wikimedia.org/wiki/File:Schillerdenkmal_Mannheim.jpg?uselang=de (als gemeinfrei veröffentlicht)

15 Eberhard Emminger: Schillers Geburtshaus in Marbach, um 1850; http://commons.wikimedia.org/ wiki/File:Marbach-schiller-emminger-1850.jpg?uselang=de

17 Ansichtskarte der Fürstengruft in Weimar, 19. Jahrhundert; http://www.akpool.de/ansichtskarten/ 24206171-ansichtskarte-postkarte-weimarfuerstengruft-schillers-jetzige-begraebnisst (gemeinfrei)

18 Pieter van den Keere alias Petrus Kaerius: Karte von Württemberg, um 1619; http://commons.wiki-media.org/wiki/File:W%C3%BCrttemberg-karte_pieter-van-den-keere_1619.jpg?uselang=de

20 Ludovike Simanowiz: Porträt Johann Caspar Schiller, 1793; http://www.leo-bw.de/media/lmz_bild-datenbank/current/delivered/images/43/110643.jpg

Ludovike Simanowiz: Porträt Elisabeth Dorothea Schiller, geb. Kodweiss, um 1793, http://www.leo-bw.de/media/lmz_bilddatenbank/current/delivered/images/42/110642.jpg

21 N.N.: Schloss Solitude, um 1850; http://commons.wikimedia.org/wiki/File:Stuttgart_Solitude_um_1850.jpg?uselang=de

Johann Wölffle: Porträt Jakob Friedrich Abel, um 1800; http://commons.wikimedia.org/wiki/File: Jacob_Friedrich_Abel.jpg?uselang=de

22 John Taylor: Porträt William Shakespeare, um 1610; http://commons.wikimedia.org/wiki/File: CHANDOS3.jpg?uselang=de

23 Titelseite von Schillers Dissertation, http://www.uni-jena.de/Sonderausgabe_Schiller_Medizin.html

Philipp Friedrich von Hetsch: Schiller als Regimentarzt, 1781/82; http://commons.wikimedia.org/ wiki/File:Hetsch01.jpg?uselang=de

24 N.N.: Porträt Wolfgang Heribert Freiherr von Dalberg, vor 1791; http://www.zum.de/Faecher/G/ BW/Landeskunde/rhein/ma/dalberg.htm

25 Anton Graff: Porträt Christian Gottfried Körner, 1794, http://commons.wikimedia.org/wiki/File: Christian_Gottfried_K%C3%B6rner.png?uselang=de

26 N.N.: Porträt Henriette von Arnim, http://www.schiller-biographie.de/index.php?id=57

Porträt Margarethe Schwan, aus: Die Gartenlaube, 1869; http://de.wikisource.org/wiki/Datei:Die_Gartenlaube_%281869%29_b_429.jpg

Johann Friedrich August Tischbein: Porträt Charlotte von Kalb, um1785; http://www.kunstundkos-mos.de/Theater/BaumannRitter.html

27 Ludovike Simanowiz: Porträt Charlotte von Lengefeld, o. J.; http://commons.wikimedia.org/wiki/File:Charlotte_von_Lengefeld_-_Simanowiz.jpg?uselang=de

Porträt Anna Amalia von Sachsen-Weimar-Eisenach nach einem Gemälde von Johann Heinrich Heinsius aus dem Jahr 1773; http://commons.wikimedia.org/wiki/File:AnnaAmalievonSachsenWeimarEisenach.jpg?uselang=de (gemeinfrei)

James Steakley: Porträt von Carl August von Sachsen-Weimar-Eisenach, 1822; http://www.schatz-kammer-thueringen.de/en/personality/grand-duke-carl-august-of-sachsen-weimar-eisenach.html

28 Ferdinand Jagemann: Potät Christoph Martin Wieland, 1805; http://commons.wikimedia.org/wiki/File:Christoph_Martin_Wieland_by_Jagemann_1805.jpg?uselang=de

Georg Christoph Kilian: Jena, um 1740, aus: Die virtuelle Galerie der 25.000 Meisterwerke, Frankfurt am Main 2004, S. 7737

29 Anton Graff: Porträt Friedrich Christian II., in den 1790er-Jahren; http://commons.wikimedia.org/wiki/File:Herug_Frederik_Christian_II.jpg?uselang=de (gemeinfrei)

30 Franz Paul Findenigg: Schlacht bei Maxen am 20.11.1759, um 1760; http://commons.wikimedia.org/wiki/File:HGM_Findenigg_Gefecht_bei_Maxen.jpg?uselang=de

Jeanne-Etienne Liotard: Porträt Maria Theresia, 1762; http://commons.wikimedia.org/wiki/File:Maria_Theresia11.jpg?uselang=de

User Musafir auf ml.wikipedia: Schriftrolle, 2008; http://commons.wikimedia.org/wiki/File:Churull.jpg?uselang=de (Creative Commons Namensnennung-Weitergabe unter gleichen Bedingungen 2.5 US-amerikanisch, nicht portiert)

Das Heilige Römische Reich am Anfang des 18. Jahrhunderts, aus: Nicolas de Fer, Wandkarte des Heiligen Römischen Reiches Deutscher Nation "L'Empire d'Allemagne", 1770 (Nachdruck der Karte aus dem Jahr 1705); http://commons.wikimedia.org/wiki/File:Reichskarte1705.jpg?uselang=de

Adolf Menzel: Porträt Friedrich der Große, 1859; http://commons.wikimedia.org/wiki/File:Friedrich_II._von_Preussen.jpg?uselang=de

Johann Heinrich Wilhelm Tischbein: Goethe in Italien, 1787, Quelle: Goethezeitportal; www.goethezeitportal.de/db/wiss/goethe/assel_tischbein.html

31 Jean Duplessi-Bertaux : Der Sturm auf die Tuilerien im Jahr 1792, 1793; http://commons.wikimedia.org/wiki/File:Jean_Duplessi-Bertaux_001.jpg?uselang=de

Emblem Mainzer Jakobinerklub, 1792; http://commons.wikimedia.org/wiki/File:Berlin_.Gendarmenmarkt_.Deutscher_Dom_007.jpg?uselang=de

Andrea Appiani: Porträt von Napoleon, 1805; aus: Die virtuelle Galerie der 25.000 Meisterwerke, 2004 Frankfurt am Main

Weimarer Hoftheater um 1800, aus: Hans Wahl, Anton Kippenberg: Goethe und seine Welt, Insel-Verlag, Leipzig 1932; http://commons.wikimedia.org/wiki/File:DasAlteWeimarerHoftheaterS153.jpg?uselang=de

32 Jakob Christian Schlotterbeck: Porträt Herzog Carl Eugen, 1782; http://commons.wikimedia.org/wiki/File:900-249_Herzog_Carl_Eugen.jpg?uselang=de

33 Friedrich Schillers Kinder Karl, Karoline, Emilie und Ernst von Schiller, Druck aus dem Jahr 1859; http://en.wikipedia.org/wiki/File:Schillers_Kinder.jpg

Heinrich Pfenninger: Porträt Jean Paul, 1797/98; http://commons.wikimedia.org/wiki/File:Jeanpaul.jpg?uselang=de

Johann Friedrich Jugel: Porträt Johann Gottlob Fichte, nach einem Gemälde von Heinrich Anton Dähling, 1808; http://commons.wikimedia.org/wiki/File:Johann_Gottlieb_Fichte.jpg?uselang=de

Gustav Zumpe: Porträt August Wilhelm von Schlegel, um 1820 (aus: Meyer's Encyclopedia, 1906); http://commons.wikimedia.org/wiki/File:August_Wilhelm_von_Schlegel.jpg?uselang=de

Caroline Rehberg: Porträt Friedrich Schlegel, um 1790; http://commons.wikimedia.org/wiki/File:Schlegel1790.jpg?uselang=de

Franz Karl Hiemer: Porträt Friedrich Hölderlin, 1792; http://commons.wikimedia.org/wiki/File:Hoelderlin_1792.jpg?uselang=de

Porträt Friedrich von Matthisson, aus: Zweihundert deutsche Männer in Bildnissen und Lebensbeschreibungen, herausgegeben von Ludwig Bechstein, Leipzig 1854; http://commons.wikimedia.org/wiki/File:Friedrich_von_matthisson.jpg?uselang=de

Christian Friedrich Tieck: Porträt Friedrich Wilhelm Schelling, um 1800; http://commons.wikimedia.org/wiki/File:FriedrichWilhelmSchelling.jpg?uselang=de

Johann Joseph Schmeller: Porträt Wilhelm von Humboldt, vor 1835; http://commons.wikimedia.org/wiki/File:WilhelmVonHumboldt.jpg?uselang=de

34 Johann Christian Reinhart: Goethe und Schiller im Gespräch, 1804; http://de.wikipedia.org/wiki/Datei:Johann_Christian_Reinhart_-_Goethe_und_Schiller_im_Gespr%C3%A4ch.jpg

35 Titelseite des ersten Horen-Bandes, 1795; http://www.ub.uni-bielefeld.de/diglib/aufkl/horen/horen.htm

36f. Friedrich Schiller Wichtige Punkte; eigene Darstellung

38 Henry Winkles: Das Schillerhaus in Weimar, aus: Schiller-Feier. Eine Sammlung von Portraits und Ansichten zu Schillers Leben und Werken, 2. Auflage, Leipzig 1859; hier: http://www.llb-detmold.de/wir-ueber-uns/aus-unserer-arbeit/ausstellungen/ausstellung-2005-1/3-teil.html

39 Porträt Anne Louise Germaine de Staël, Stich nach einem Gemälde (um 1810) von François Gérard; http://commons.wikimedia.org/wiki/File:Madamedestael.jpg?uselang=de

George Dawe: Porträt Prinz Eugen von Württemberg, http://commons.wikimedia.org/wiki/File:Eugene_of_Wurtemberg.jpg?uselang=de

Johann Baptist Lampi: Porträt König Gustav IV. von Schweden, vor 1830; http://commons.wikimedia.org/wiki/File:Gustav_IV_Adolph_of_Sweden.PNG?uselang=de

41 Ansichtskarte von Schillers Sterbezimmer, Quelle: Goethezeitportal; www.goethezeitportal.de/index. php?id=schillerhaus

42 Karte des Herzogtums Sachsen-Weimar-Eisenach; http://www.reenactorforum.waszmann.de/cgi-bin/yabb2/YaBB.pl?num=1306167142

44 Karikatur der Ständegesellschaft, in welcher der dritte Stand als einziger die Last zu tragen hat, Darstellung aus der Zeit der Französischen Revolution; http://commons.wikimedia.org/wiki/File:Third_estate.jpg?uselang=de

44f. Darstellung Schillers beim Besuch seines Schriftstellerkollegen Schubart im Kerker, aus: Die Gartenlaube (1866). Ernst Keil's Nachfolger, Leipzig 1866, Seite 117. Digitale Volltext-Ausgabe in Wikisource; http://de.wikisource.org/w/index.php?title=Seite:Die_Gartenlaube_(1866)_117.jpg&oldid=1535564 (Version vom 17.04.2011)

46 Titelblatt und Frontispiz von Johann Christoph Gottscheds Versuch einer critischen Dichtkunst, 4. Auflage, 1751; http://home.arcor.de/yerrick/Johann_Christoph_Gottsched__Versuch_einer_krit.htm

47 Porträt Christian Fürchtegott Gellert, Reproduktion nach einem unbekannten Stahlstich, 19. Jahrhundert; http://commons.wikimedia.org/wiki/File:Christian_F%C3%BCrchtegott_Gellert..jpg?uselang=de

Karl August Senff (nach einem Gemälde von D. Bossi): Porträt Friedrich Maximilian Klinger, 1807; http://commons.wikimedia.org/wiki/File:Friedrich_Maximilian_von_Klinger.jpg?uselang=de

Pfenniger: Porträt Jakob Maria Reinhold Lenz, ohne Datierung, aus: Hans Wahl, Anton Kippenberg: Goethe und seine Welt, Insel-Verlag, Leipzig 1932; hier: http://commons.wikimedia.org/wiki/File:JacobMichaelReinholdLenz1751-1792Pfenniger.jpg?uselang=de

48 Heinrich Friedrich Füger: Prometheus bringt der Menschheit das Feuer, um 1817; http://commons.wikimedia.org/wiki/File:Heinrich_fueger_1817_prometheus_brings_fire_to_mankind.jpg?uselang=de

Peter Paul Rubens: Gefesselter Prometheus, 1611–1612, aus: Die virtuelle Galerie der 25.000 Meisterwerke, S. 7737, Frankfurt am Main 2004

50f. Die Hinrichtung Robespierres und seiner Anhänger am 28. Juli 1794; 1794; http://commons.wikimedia.org/wiki/File:Execution_de_Robespierre_full.jpg?uselang=de

54 Theobald von Oer: Weimarer Musenhof, 1860; http://commons.wikimedia.org/wiki/File:Oer-Weimarer_Musenhof.jpg?uselang=de

58 Wikipedia / Foto H.-P. Haack: Titelblatt des Erstdruckes der Räuber (1781); http://de.wikipedia.org/w/index.php?title=Datei:Kopie_%281%29_von_die_r%C3%A4uber_erstausgabe_1781.jpg&filetimestamp=20111212020406 (Lizenz: Creative Commons Namensnennung-Weitergabe unter gleichen Bedingungen 3.0 Deutschland)

59 Löwenvignette der 1782er-Verlagsausgabe von Die Räuber; http://www.teachsam.de/deutsch/d_literatur/d_aut/sci/sci_dram/raeuber/sci_raeub_1_3_txt_6.htm

60 Wilhelm Hensel (1794–1861): Ludwig Devrient als Franz Moor in Friedrich Schillers Drama Die Räuber, um 1809; http://commons.wikimedia.org/wiki/File:Wilhelm_Hensel_-_Ludwig_Devri ent_-_Franz_Moor.jpg?uselang=de

61 J. Albrecht: Frontispiz zu F. M. Klingers Trauerspiel Die Zwillinge aus dem Jahr 1776; http://www. stiftikus.de/texte/stdrang.html

62 Daniel Chodowiecki: Illustration zu Schillers Die Räuber, 1783; http://www.teachsam.de/deutsch/d_ ubausteine/aut_ub/sci_ub/sci_raeub_ub/sci_raeub_ub_6_8.htm

63 Johann Stephan Decker: Porträt August Wilhelm Iffland, um 1825; http://commons.wikimedia.org/ wiki/File:August_Wilhelm_Iffland_Johann_Stephan_Decker.jpg?uselang=de

64 Titelbild Die Verschwörung des Fiesko zu Genua, 1783; http://dfg-viewer.de/show/?set[mets]=http %3A%2F%2Fdaten.digitale-sammlungen.de%2F~db%2Fmets%2Fbsb00070601_mets.xml

65 Agnolo Bronzino: Porträt Gianettino Doria, vor 1572; http://www.bildindex.de/dokumente/html/ obj20091622#|home

Dominicus Custos: Porträt Andreas Doria, 1602–1604; http://commons.wikimedia.org/wiki/File: Andrea_Doria00.jpg?uselang=de

67 Stich von Ponsheimer nach einer Zeichnung von Johann Heinrich Ramberg: Frontispiz von Die Verschwörung des Fiesko zu Genua, aus: Friedrich von Schillers sämmtliche Werke. Band 3. Stuttgart u.a. 1822; hier: http://bbf.dipf.de/cgi-opac/bil.pl?t_direct=x&fullsize=yes&bm=yes&f_ IDN=b0095616berl

68f. Personenliste aus der Erstausgabe von Die Verschwörung des Fiesko zu Genua, 1783; urn:nbn: de:bvb:12-bsb00070601-5

70 Anna Rosina de Gasc: Porträt Gotthold Ephraim Lessing, 1767/1768; http://commons.wikimedia. org/wiki/File:Gotthold_Ephraim_Lessing.PNG?uselang=de

Carl Rahl: Porträt Friedrich Hebbel, 1851; http://commons.wikimedia.org/wiki/File:Fritz-Hebbel. jpg?uselang=de

72 Matthias Scheits: Ungleiches Paar, spätes 17. Jahrhundert; http://germanhistorydocs.ghi-dc.org/ sub_imglist.cfm?sub_id=258&section_id=8&language=german

73 Hans Printz (1865–1925): Illustration zu Kabale und Liebe, vor 1925, Quelle: Goethezeitportal; http://www.goethezeitportal.de/index.php?id=4204

74 Titelseiten der Erstausgabe des Don Karlos, Fotografie von H.-P. Haack; http://commons.wikimedia. org/wiki/File:Dom_Carlos_1787.jpg?uselang=de (Creative Commons Namensnennung Unported 3.0)

76 Kostümbogen zur Produktion des Don Karlos, um 1820, Quelle: Goethezeitportal; http://www.goe thezeitportal.de/index.php?id=4545

79 Étienne Carjat: Porträt Guiseppe Verdi, 1860; http://commons.wikimedia.org/wiki/File:Giuseppe_ Verdi_lithograph.jpeg?uselang=de

Bühnenbild für die Oper Don am Gran Teatre del Liceu, 1870; http://commons.wikimedia.org/wiki/File:Don_Carlo_de_Giuseppe_Verdi.jpg?uselang=de

80 Reiterbild Wallensteins, um 1625; http://commons.wikimedia.org/wiki/File:Wallenstein_Reiterbild.JPG?uselang=de

81 Joseph Karl Stieler: Porträt Charlotte von Hagn, in ihrem Kostüm als Wallensteins Tochter Thekla, 1828; http://commons.wikimedia.org/wiki/File:Joseph_Karl_Stieler_-_Charlotte_von_Hagn,_1828.jpg?uselang=de

82 Darstellung von Wallensteins Ermordung, 17. Jahrhundert; http://germanhistorydocs.ghi-dc.org/sub_image.cfm?image_id=3357

85 Rowland Lockley: Porträt Mary Stuart, 1610–1620; http://commons.wikimedia.org/wiki/File:Mary_I_Queen_of_Scots.jpg?uselang=de

George Gower (gemäß Zuschreibung): Porträt Elisabeth I. von England, um 1580; http://commons.wikimedia.org/wiki/File:George_Gower_Elizabeth_I_Drewe_Portrait.jpg?uselang=de

88 Titelseiten von Schillers *Die Jungfrau von Orléans* im *Kalender auf das Jahr 1802*; http://www.llb-detmold.de/wir-ueber-uns/aus-unserer-arbeit/ausstellungen/ausstellung-2005-1/4-teil.html

Theaterzettel der Uraufführung von Schillers *Die Jungfrau von Orleans*, 1801; http://commons.wikimedia.org/wiki/File:Schiller_Theaterzettel_Jungfrau_von_Orl%C3%A9ans_1801.jpg?uselang=de

89 Darstellung der Johanna von Orléans, zwischen 1450 und 1500, Miniatur aus dem Centre Historique des Archives Nationales, Paris; http://commons.wikimedia.org/wiki/File:Joan_of_arc_miniature_graded.jpg?uselang=de

91 Wilhelm von Kaulbach: Szene aus *Die Jungfrau von Orleans* für eine Postkartenserie, vor 1874, Quelle: Goethezeitportal; http://www.goethezeitportal.de/index.php?id=4185

93 Moritz Daffinger: Darstellung des Wilhelm Tell, vor 1849; http://commons.wikimedia.org/wiki/File:Moritz_Michael_Daffinger_Wilhelm_Tell.jpg?uselang=de

94 Ernst Stückelberg: Darstellung des Apfelschusses als ein Fresko von insgesamt vier Fresken in der Tellkapelle am Urnersee, 1880–1882; http://commons.wikimedia.org/wiki/File:Apple_shooting_by_tell.JPG?uselang=de

95 Johann Heinrich Füssli: Die drei Eidgenossen beim Schwur auf den Rütli, 1780; http://commons.wikimedia.org/wiki/File:Johann_Heinrich_F%C3%BCssli_018.jpg?uselang=de

97 Tony Muttenthaler: Illustration zur Ermordung Gesslers, zwischen 1848 und 1864, Quelle: Goethezeitportal; www.goethezeitportal.de/index.php?id=3990

100 Darstellung des Räderns, aus: Holzschnitt aus der Schweizer Chronik des Johann Stumpf. Augsburg 1586; hier: http://commons.wikimedia.org/wiki/File:Klassisches_Radern.png?uselang=de

101 Titelblatt der 1577er-Imprint der Cautio Criminalis Carolina (1532): http://commons.wikimedia.org/wiki/File:De_Constitutio_criminalis_Carolina_%281577%29_01.jpg?uselang=de

103 Adolph Müller: Schiller, Wilhelm und Alexander von Humboldt und Johann Wolfgang von Goethe in Jena, um 1797; http://commons.wikimedia.org/wiki/File:Weimarer_Klassik.jpg

105 Titelseite der Anthologie auf das Jahr 1782; http://commons.wikimedia.org/wiki/File:Anthologie. png

106 Medea-Darstellung auf einem Brunnen aus der Zeit des Kaiser Augustus (63 v.Chr. – 14 n. Chr.), Arles (Provence), Fotografie von Steffen Heilfort; http://commons.wikimedia.org/wiki/File:2256. Skulpturenbrunnen-vor_dem_r%C3%B6mischen_Theater-Zu_Zeiten_des_r%C3%B6mischen_ Kaisers_Augustus_errichtet..JPG?uselang=de (Creative Commons Namensnennung 3.0 Unported)

Henri Klagmann: Medea, 1868; http://commons.wikimedia.org/wiki/File:Beaux-Arts_Nancy_Klag mann_50108.jpg?uselang=de

107 Darstellung zu Gottfried August Bürgers Pfarrerstochter von Taubenhain nach Carl Schurig (1818– 1874), aus: Deutsches Balladenbuch Meersburg, Naunhof, Leipzig 1933 (Neudruck der Erstausgabe von 1852); hier: http://www.gottfried-august-buerger-molmerswende.de/Rund_um_Burger/Illust rationen/body_illustrationen#pfarrerstochter_schurig

110 Manuskriptseite aus Schillers An die Freude, 1785; http://commons.wikimedia.org/wiki/File: Schiller_an_die_freude_manuskript_1.jpg?uselang=de

111 Nicolas Poussin: Hirten in Arkadien (Et in Arcadia ego), 1650–1655, aus: Die virtuelle Galerie der 25.000 Meisterwerke, Frankfurt am Main 2004, S. 21713

112 Die Dichter des Hainbundes, aus: Otto Leixner: Illustrierte Literaturgeschichte, 1880; http://com mons.wikimedia.org/wiki/File:Hainbund.jpg?uselang=de

115 Oboenthema aus Beethovens Vertonung von Schillers An die Freude, 1824; http://commons.wiki media.org/wiki/File:Hymne_joie_01.png?uselang=de

117 Giovanni Battista Tiepolo: Danae und Zeus, um 1736, aus: Die virtuelle Galerie der 25.000 Meister- werke, Frankfurt am Main 2004, S. 27264

118 Fra Bartolomeo: Gottvater mit den Heiligen Maria Magdalena und Katharina von Siena, 1509, aus: Die virtuelle Galerie der 25.000 Meisterwerke, Frankfurt am Main 2004, S. 1350

119 Titelseite des Musen-Almanach für das Jahr 1799; http://commons.wikimedia.org/wiki/Category: Schiller_Musenalmanach_1799

120 Illustration zu Schillers *Bürgschaft*, aus: Joseph Trentsensky: Die Bürgschaft von F. von Schiller. Com- positionen für die reifere Jugend, Wien (um) 1825, Quelle: Goethezeitportal; http://www.goethezeit- portal.de/index.php?id=6545

122 Alexander von Liezen-Mayer: Prachteinband zu Schillers *Glocke*, um 1880; http://commons.wikime dia.org/wiki/File:Liezen_Prachteinband_Schillers_Glocke_01.jpg?uselang=de

123 Alexander von Liezen-Mayer: Illustration zu Schillers *Glocke*, um 1880; http://commons.wikimedia. org/wiki/File:Concordia_soll_ihr_Name_sein_Liezen.jpg?uselang=de

125 Auszug aus Karl Mays *Im Lande des Mahdi* (Montage), aus: Karl May's gesammelte Reiseerzählungen, Band XVIII: Im Lande des Mahdi (Band 3), Freiburg im Breisgau 1896; http://www.karl-may-gesellschaft.de/kmg/primlit/reise/mahdi/index.htm

127 Ludovike Simanowiz: Porträt Friedrich Schiller, 1793/94; http://commons.wikimedia.org/wiki/File:Friedrich_schiller.jpg?uselang=de

130 William Beechey: Die Oddie-Kinder, 1789; http://arthistory.about.com/od/from_exhibitions/ig/cfoc/06.htm

133 Jean-Honoré Fragonard: Der Dichter, 1769; http://commons.wikimedia.org/wiki/File:Fragonard,_Inspiration.jpg?uselang=de

Jean-Honoré Fragonard: Lesende Frau, 1770–1772; http://commons.wikimedia.org/wiki/File:Fragonard,_The_Reader.jpg?uselang=de

138 Porträt Georg Joachim Göschen, aus: Bilderatlas zur Geschichte der deutschen Nationallitteratur von Gustav Könnecke. Zweite, verbesserte und vermehrte Auflage. Marburg: Elwert 1895; hier: http://commons.wikimedia.org/wiki/File:G%C3%B6schen.jpg?uselang=de

Johann Walter: Gustav Adolf in der Schlacht von Breitenfeld, 1632; http://commons.wikimedia.org/wiki/File:Mus%C3%A9e_historique_de_Strasbourg-Gustave_Adolphe_%C3%A0_la_bataille_de_Breitenfeld.jpg?uselang=de

141 Johann Philipp Abelin: Verwüstung Magdeburgs im Jahr 1631 (sogenannte: Magdeburger Hochzeit), 1659; http://commons.wikimedia.org/wiki/File:Sack_of_Magdeburg_1631.jpg?uselang=de

145 Marguerite Gérard (1761–1837): Die Brieflektüre (Ausschnitt), vor 1837; http://commons.wikimedia.org/wiki/File:La_Lecture_d%27une_lettre,_d%C3%A9tail.jpg?uselang=de

148 Friedrich Bury: Porträt Christiane Vulpius, 1800; http://commons.wikimedia.org/wiki/File:Christiane_Vulpius_Gem%C3%A4lde_2.jpg?uselang=de

152 Georg Heinrich Busse: Goethes Büste in Weimar, 1832, Quelle: Goethezeitportal; http://www.goethezeitportal.de/index.php?id=2482

Vinenz Katzler (1823–1882): Lithographie nach dem Stuttgarter Schiller-Denkmal von Bertel Thorwaldsen (1839), vor 1882, Quelle: Goethezeitportal; http://www.goethezeitportal.de/index.php?id=2482

153 F. C. Klimsch: Lithographie zum Schiller-Festzug in Frankfurt im Jahr 1859, aus: Gedenk-Buch zu Friedrich von Schiller's hundertjähriger Geburtsfeier, Frankfurt a.M. 1860, Quelle: Goethezeitportal; http://www.goethezeitportal.de/index.php?id=4172

154 Fotografie von Stelenweg und Ringgrab der Gedenkstätte Buchenwald, Bundesarchiv, Bild 183-57991-0005 / CC-BY-SA; http://commons.wikimedia.org/wiki/File:Bundesarchiv_Bild_183-57991-0005,_Gedenkst%C3%A4tte_Buchenwald,_Ringgrab_1,_Stelenweg.jpg?uselang=de (Lizenz Creative Commons Namensnennung-Weitergabe unter gleichen Bedingungen 3.0 Deutschland)

155 Conrad, Berlin: Porträt Hans Fabricius, aus: E. Kienast (Hg.): Der Großdeutsche Reichstag 1938, IV. Wahlperiode, Berlin 1938; hier: http://de.wikipedia.org/w/index.php?title=Datei:FabriciusHans Eugen.jpg&filetimestamp=20091010091325

Cover des Bucheinbandes von Hans Fabricius: Schiller als Kampfgenosse Hitlers. Nationalsozialismus in Schillers Dramen, Bayreuth 1932; Eigene Fotografie

156 H. Müller: Briefmarke der Deutschen Demokratischen Republik zum 200. Geburtstag Schillers, 1859; http://commons.wikimedia.org/wiki/File:DDR_1959_Michel_734_Schiller.JPG?uselang=de

156 R. Gerhardt: Briefmarke der Bundesrepublik Deutschland zum 200. Geburtstag Schillers, 1859; http://commons.wikimedia.org/wiki/File:DBPB_1959_190_Friedrich_Schiller.jpg?uselang=de

157 U.H.: Postkarte Theo Stroefer, Nürnberg, Serie 1516, Poststempel 1916, Quelle: Goethezeitportal; www.goethezeitportal.de/index.php?id=3965

158 Mariusz Kubik: Porträt Hans-Magnus Enzensberger, 2010; http://commons.wikimedia.org/wiki/File:Hans_Magnus_Enzensberger_%28cropped%29.jpg?uselang=de (Lizenz: Creative Commons Namensnennung-Weitergabe unter gleichen Bedingungen 3.0 Unported)

User Magiers (Das blaue Sofa): Porträt Peter Rühmkorf, 2004; http://commons.wikimedia.org/wiki/File:Peter_R%C3%BChmkorf_2004_7.jpg?uselang=de (Lizenz: Creative Commons Namensnennung-Weitergabe unter gleichen Bedingungen 3.0 Unported)

159 N.N.: Porträt Thomas Mann, 1905; http://commons.wikimedia.org/wiki/File:Portraetaufnahme_von_Thomas_Mann_1905.jpg?uselang=de

Waldemar Flaig: Porträt Norbert Jacques, 1927; http://commons.wikimedia.org/wiki/File:Norbert_Jacques_by_Waldemar_Flaig_1927.jpg?uselang=de

190 Porträt Arthur Schnitzler, um 1900, aus: Fritz Abshoff: Bildende Geister. Band 1. Berlin 1905, S. 59; http://commons.wikimedia.org/wiki/File:Arthur_Schnitzler_1900.jpg?uselang=de

191 Elke Wetzig (elya): Porträt Friedrich Dürrenmatt, 1989; http://commons.wikimedia.org/wiki/File:Friedrich_duerrenmatt_19890427.jpg (GNU-FDL, Version 1.2 oder später)

192 Gret Widmann: Porträt Hermann Hesse, 1929; http://commons.wikimedia.org/wiki/File:Hermann_Hesse_1927_Photo_Gret_Widmann.jpg?uselang=de

Alle Angaben zu Bildmaterial sind nach bestem Wissen und Gewissen zusammengestellt. Sollten trotz sorgfältiger Prüfung Bildrechte verletzt worden sein, bitten wir die betroffenen Urheber um Kontaktaufnahme unter email@tectum-verlag.de. Im Falle einer weiteren Verwendung der Bilder zu wissenschaftlichen Zwecken wird empfohlen, noch einmal alle Quellen- und Lizenzangaben sorgfältig zu überprüfen bzw. die Originalquellen aufzusuchen.

Werkregister

A
An die Freude 109,
110, 111, 113, 114,
116, 123, 158

C
Cosmus von Medicis
23

D
Das Lied von der
Glocke 86, 122, 123,
124, 158
Der Abend 15, 23
Der Geisterseher 99
Der Ring des Polykrates
35
Der Taucher 35
Der Verbrecher aus
verlorener Ehre
*s. Verbrecher aus
Infamie*
Die Braut von Messina
17, 35, 61, 92
Die Bürgschaft 12, 119,
121, 122
Die Götter Griechen-
lands 116, 118, 128
Die Jungfrau von
Orleans 17, 35, 88,
89, 90, 95
Die Kindsmörderin
105, 109, 116
Die Piccolomini 80, 83

Die Räuber 12, 14, 15,
23, 48, 50, 59, 61, 63,
65, 66, 67, 68, 71,
72, 77, 78, 85, 101,
113, 160
Die Verschwörung des
Fiesko zu Genua 12,
16, 23, 65, 66, 67, 69,
70, 77, 78, 90
Dom Karlos *s. Don
Karlos*
Don Carlos *s. Don
Karlos*
Don Karlos 16, 25, 26,
28, 74, 77, 78, 79, 80,
90, 137, 160

G
Geschichte des Abfalls
der vereinigten
Niederlande von der
spanischen Regierung
28, 79, 137
Geschichte des Dreißig-
jährigen Krieges 34,
80, 82, 137, 143

K
Kabale und Liebe 14,
16, 23, 48, 50, 70, 71,
72, 77, 78, 85
Kleinere prosaische
Schriften 127, 131

L
Luise Millerin *s. Kabale
und Liebe*

M
Maria Stuart
17, 35, 85, 88

R
Resignation 109, 110,
111, 113, 114, 116

U
Über Anmut und
Würde 35, 87
Über die ästhetische
Erziehung des
Menschen in einer
Reihe von Briefen 17,
35, 56, 127, 131
Über naive und senti-
mentalische Dichtung
17, 134

V
Verbrecher aus Infamie
25, 99, 102, 105, 139
Versuch über den
Zusammenhang der
tierischen Natur des
Menschen mit seiner
geistigen 15, 22

W
Wallenstein 17, 81, 83,
134, 137, 143, 147,
158
Wallensteins Lager 80,
81, 83
Wallensteins Tod 80

Was heißt und zu
welchem Ende
studiert man
Universalgeschichte
29, 137

Wilhelm Tell 9, 14, 17,
35, 57, 65, 92, 93, 94,
96, 97, 160

Personenregister

A

Abel, Jakob Friedrich 21, 48, 100

Adorno, Theodor W. 51

Alt, Peter-André 161

Anna Amalia (Herzogin) von Braunschweig-Wolfenbüttel 27

von Arnim, Achim 159

von Arnim, Henriette 26

B

Barner, Wilfried 161

Beatles 116

van Beethoven, Ludwig 115, 151

Bernstein, Leonard 116

von Beulwitz, Caroline (geb. von Lengefeld) 16, 27

Böttiger, Karl August 40

Boie, Heinrich Christian 112

Borchmeyer, Dieter 161

Brentano, Bettine 159

Bürger, Gottfried August 106

C

Carl August (Herzog) von Weimar 16, 26, 38, 88

Carl Eugen (Herzog) von Württemberg 19, 21, 32, 33, 159

Cotta, Johann Friedrich 16, 29, 35, 146

D

von Dalberg, Heribert 23, 24, 59

E

Enzensberger, Hans Magnus 158

Eugen (Prinz) von Württemberg 39

Euripides 106

F

Fabricius, Hans 155

Fichte, Johann Gottlieb 33, 39, 128

Franz II. (Kaiser des Heiligen Römischen Reiches) 38

Freud, Sigmund 96

Friedrich Christian (Erbprinz) von Schleswig-Holstein-Augustenburg 16, 29, 127

Friedrich Leopold (Graf) zu Stolberg 118

Frisch, Max 13, 97

G

Gellert, Christian Fürchtegott 47, 121

von Goethe, Johann Wolfgang 11, 16, 19, 27, 28, 29, 32, 34, 35, 38, 40, 47, 49, 51, 52, 53, 56, 65, 77, 81, 87, 92, 99, 100, 106, 112, 120, 132, 135, 145, 146, 147, 148, 149, 151, 158, 159, 160

Gottsched, Johann Christoph 46, 48, 71

Gustav IV. (König) von Schweden 39

Guthke, Karl S. 161

Göschen, Georg Joachim 138

H

Haydn, Joseph

Hebbel, Friedrich 70

Herder, Johann Gottfried 16, 27, 40

Hitler, Adolf 97, 159

Horkheimer, Max 51

Hölderlin, Friedrich 33

Hölty, Ludwig Christoph Heinrich 112

von Humboldt, Alexander 159

von Humboldt, Wilhelm 16, 33

I

Iffland, August Wilhelm 63, 70

J

Jacques, Norbert 159

Jagemann, Caroline 88

Jean Paul 33

Jelinek, Elfriede 106

K

Kafka, Franz 13

von Kalb, Charlotte 16, 26, 27, 113

Kant, Immanuel 35, 46, 128

Karl V. (Kaiser des Heiligen Römischen Reiches) 101, 105

von Kleist, Heinrich 159

Klinger, Friedrich Maximilian 47, 61, 62

Körner, Christian Gottfried 5, 16, 25, 26, 40, 113, 114, 148

Kühn, Dieter 155

Arthur Schnitzler

»Über der Zeit stehn –; nicht ‚mit ihr gehn‘ – ist meine Sache.«

ISBN 978-3-8288-2969-5

Dr. Corinna Schlicht, Studium der Germanistik und Philosophie an der Universität Duisburg. Seit 1997 Lehr- und Forschungstätigkeiten an verschiedenen Universitäten (Duisburg-Essen, Düsseldorf, Nijmegen, Paderborn) in den Bereichen Literaturwissenschaft und -didaktik. 2003 Dissertation über die Schriftstellerin Lenka Reinerová. Seit 2009 wissenschaftliche Mitarbeiterin an der Universität Duisburg-Essen. Veröffentlichungen u.a. zu Heinrich von Kleist, E.T.A. Hoffmann, Thomas Mann, W.G. Sebald, Terézia Mora, Julia Franck, Tom Tykwer und David Lynch.

Friedrich Dürrenmatt

»Die Liebe ist ein Wunder, das immer wieder möglich,
das Böse eine Tatsache, die immer vorhanden ist.«

ISBN 978-3-8288-3118-6

Prof. Dr. Gunter E. Grimm, bis 2010 Lehrstuhlinhaber für Neuere deutsche Literatur an der Universität Duisburg-Essen. Arbeitsschwerpunkte sind u.a. Literatur der Aufklärung, Geschichte der deutschen Lyrik, Wissenschafts- und Mentalitätsgeschichte. Autor zahlreicher Monografien und Aufsätze sowie Herausgeber von Sammelbänden, Editionen und Reihenwerken, darunter *Lessings Werke, Herders Werke, Arbeitsbücher zur Literaturgeschichte, Einführungen Germanistik* sowie *Literatur kompakt* und die Internetportale www.goethezeitportal.de und www.nibelungenrezeption.de

Hermann Hesse

»Man muss das Unmögliche versuchen, um das Mögliche zu erreichen.«

ISBN 978-3-8288-3119-3

Prof. Dr. Volker Wehdeking, bis 2007 Professor für Literaturwissenschaft und Medien an der Hochschule der Medien (HdM)
Stuttgart. Veröffentlichungen und Forschungsschwerpunkte in der
Deutschen Literatur seit 1945, Amerikanistik, Mentalitätsgeschich-
te, u.a. *Alfred Andersch* und *Erzählliteratur der frühen Nachkriegszeit.*
Herausgeber von Werken wie *Mentalitätswandel in der deutschen
Literatur zur Einheit, Deutschsprachige Erzählprosa seit 1990 im
europäischen Kontext* (mit Anne Corbin), *Generationenwechsel: Inter-
medialität in der deutschen Gegenwartsliteratur* sowie der Festschrift
Kopf-Kino. Gegenwartsliteratur und Medien.